中国职业结构变迁

30年

Changes of China's
OCCUPATIONAL STRUCTURE
in 30 Years

张国英 / 著

社会科学文献出版社
SOCIAL SCIENCES ACADEMIC PRESS (CHINA)

目　录

图目录

表目录

第一章 导论

第一节 研究背景和研究对象

一 研究背景

1949 年新中国成立以来，发生了两次重大的制度变革。第一次是 1949 ~ 1978 年，国家掀起了土地改革和"大跃进""人民公社化""文化大革命"等一系列政治经济运动；第二次是 1978 年以来的改革开放，实现了由计划经济体制向社会主义市场经济体制的转变，推动了社会经济的持续高速发展，加快了中国的工业化和城市化进程。伴随着改革的发展，社会正在发生着一场重大而深刻的社会结构转型。社会转型的主体是社会结构，中国社会结构的变化主要体现在：社会结构从城乡二元结构转变为城乡、体制内外的双二元结构，例如大批的城市"边缘群体"农民工；社会结构的分化，这主要指社会结构因子的异质化和多样化；各社会结构因子相互之间关系的改变，如契约正在成为新的社会关系的基础。以孙立平为代表的学者认为，20 世纪 90 年代中期以来的中国形成了断裂和碎片化的社会结构，剧烈的社会变迁形成了一个全新的社会①。

孙立平先生认为，改革开放以来，中国的社会变迁意义最重大、最引人关注之处就是结构的剧烈、持续、深刻的分化。结构分化是指在发展过程中结构要素产生新的差异的过程，它有两种基本形式：一种是社会异质性增加，即结构要素（如位置、群体、阶层、组织）的类别增多，另一种是社会不平等程度的变化，即结构要素之间差距的拉大②。中国社会结构最根本的变化是由总体性社会向分化性社会的转变，这一变化的根本动因是体制改革。

在体制转型的背景下，改革开放以来社会结构转型在空间（区域）上存在较大差异，这种差异往往被视为区域发展不平衡。改革开放以来，中国社会结构的转型有一条相当鲜明的运行轨迹，即纵向由南（经济特区、沿海开放区）向北（"三北"、沿边地区）渐次扩大开放，横向由东（东部沿海地区）向西（中西部地区）不断深化改革。与这条运行轨迹相适应，形成了东部、特区、沿海地区先发展、快发展与中西部、边远、少数民族和贫困地区后发展、慢发展

---

① 孙立平：《转型与断裂：改革以来中国社会结构的变迁》，清华大学出版社，2005。

② 孙立平：《转型与断裂：改革以来中国社会结构的变迁》，清华大学出版社，2005。

同时并存的格局。正是这种发展梯级的不平衡，产生了诸多发展差异，如东、中、西部之间的区域差异，经济特区、开放城市与其他地区、城市的政策差异，城市与乡村之间的社区差异，劳动密集型与资金技术密集型的产业差异，发达地区与欠发达地区居民之间观念、技能等方面的素质差异等。这种发展差异，直接引发了生产要素重组。其中，包括劳动人口尤其是农村劳动人口，由西向东、从北至南无序流动；劳动密集型产业，由东向西梯度转移；资源、资金与技术、管理，在东西、南北之间双向配置；东西联手、南北合作、城乡互补所酿成的要素多元组合；等等①。对要素区域差异的研究，对缩小区域之间的发展差异、改变经济非均衡运作格局、促进社会结构的稳定，都具有巨大的作用。

对于中国改革开放以来社会结构的变迁，社会学者作了许多有益的研究。主要可以分为以下几类：①关于中国市场转型与社会分层关系的研究；②关于社会组织结构变迁的研究；③关于社区结构变迁的研究；④关于经济结构变迁的研究。可以说，有关中国社会结构变迁的文献汗牛充栋。然而，从这浩如烟海的文献中，我们可以发现这样一个问题，即这些研究注重社会结构历时的变迁，而忽视社会结构空间的变迁。社会学经典探讨了空间，但探讨的方式很不明晰、很不充分②。至于社会发展逻辑与空间变迁形态的辩证关联，更是少有人问津。

---

① 周海乐等：《苏南社会结构变动研究》，人民出版社，1999。
② 〔英〕布赖恩·特纳编《社会理论指南（第二版）》，李康译，上海人民出版社，2003。

二 研究对象

许多社会学家将结构的分化程度作为衡量一个国家现代化水平的主要指标之一，将结构分化的形态作为观察和描述现代化过程的一个重要方面[1]。应该说，现代化过程中社会结构的变迁有两个重要标志：一个是社会产业结构的转变，另一个是社会职业结构的转变。这两个重要标志是相互联系的，社会产业结构的转变带来社会职业结构的转变[2]。社会学认为，职业是现代社会中社会分层的主要载体，人们的阶层地位流动主要是在职业结构这一框架内进行的，职业结构变迁既是社会发展和社会变迁的结果，也是社会发展程度的一个重要标志[3]。

我们可以根据不同的特征对空间进行分类，它具有地理、生态、经济、政治等各方面的意义，从某种程度上讲，空间特征也是一个控制变量。例如，倪志伟在1996年的研究中，将地区作为再分配机制和市场机制的控制变量，认为沿海地区代表了强的市场机制，内地代表了强的再分配机制。孙立平认为，区域是指"由社会关系和组织原则所组成的社区"[4]。在一个社会中，区域间的关系及其由此所形

① 孙立平：《转型与断裂：改革以来中国社会结构的变迁》，清华大学出版社，2005。

② 陆学艺：《社会结构的变迁》，中国社会科学出版社，1997，第131页。

③ "当代中国社会结构变迁研究"课题组：《2000～2005年：我国职业结构和社会阶层结构变迁》，《统计研究》2008年第2期。

④ 孙立平：《转型与断裂：改革以来中国社会结构的变迁》，清华大学出版社，2005。

成的基本区域格局，是社会结构的一个重要方面。改革开放以来，中国的区域关系和区域格局发生了一系列重要的变化。分析这些变化及其过程，有利于我们深化对中国社会结构及其变迁的理解。

因此，研究社会结构的空间分布特征及其在时间上的变化是非常有意义的，有益于揭示不同地区改革开放以来社会结构的变化和趋势，如果各地区的社会结构具有较大差异，那么原因又是什么呢？

基于这样的思考，本研究确定的研究内容是：

（1）通过三次人口普查数据以及 2005 年人口抽样调查数据，对社会结构变迁进行时间和空间上的描述和分析。

（2）为什么产生了这样的社会结构变迁和社会变迁差异，即区域社会结构变迁的机制是什么？本研究从制度变迁→发展要素（社会要素、空间要素）→现象的角度，规范地实证分析了我国社会结构变迁的机制。

第二节 相关研究回顾

一 社会结构

社会结构问题是社会哲学的基本问题，也是社会学的基本问题。当我们研究每一个具体的社会问题时，几乎都要考虑到或牵涉到具体社会问题与社会结构的关系。

社会可以被视为一个被组织起来的整体的观念，至少可以追溯到柏拉图和亚里士多德这么远，但是直到 17 世纪和

18 世纪，由于自然科学快速发展，这种观点才成为处理社会世界的一种普通方式。物理学家、化学家和生物学家致力于研究他们特有的主题内容，并且在他们的研究中采用结构方法，使这种观点有了很大的进展。一些人开始感到关于社会的科学也可以通过同样的方法来完成。例如，孔德（Comte）将每一种科学都视为表现了一个在其主题中逐步变高的组织水平。科学是有层次的，社会学因作为其主题的组织的特殊性，因此是最后发展起来的①。

两位最主要的对社会结构进行了系统说明的学者是赫伯特·斯宾塞（Herbert Spencer）和埃米尔·涂尔干（Emile Durkheim）。斯宾塞沿着孔德的思想路线展开了关于社会结构的清晰的讨论。斯宾塞的基本立场是社会唯实论。他认为，社会是一个像生物有机体那样的"社会有机体"。他列举了社会有机体和生物有机体的许多相似之处，同时也指出了两者的若干区别。首先，社会结构不能被视为物质实体；其次，社会的内部组织，即更加专门化的社会结构是一个社会有机体中的所有个体的各个子集（sub-aggregates）；他还描述了整个社会的多样化社会结构，这些结构是社会有机体的支持、分配、调节结构。涂尔干在使用"社会结构"一词时，指社会学中作为整体研究的社会生活的全部模式。"集体关系"，也就是社会关系，组成了涂尔干所确认的社会结构的首要元素；社会关系衍生出截然不同的各种模式，

---

① 〔英〕杰西·洛佩兹、〔英〕约翰·斯科特：《社会结构》，允春喜译，吉林人民出版社，2007，第13～14页。

诸如道德体系、经济体系、亲属关系和国家等，而这些模式类似于身体的各个器官。在这一点上，涂尔干与斯宾塞的看法是一样的。"集体表征"是涂尔干社会结构的第二个要素。集体表征是精神现象。涂尔干认为，在它们不是直接和特定个体的生物学产物的意义上，所有的精神现象都被视为社会事实；而"社会意识"（social consciousness）是集体表征的全部体现。因此，一个社会的结构由集体关系和集体表征的特殊联合以及连接物和规则的形式所组成，这就给予社会以特殊的特征。简言之，涂尔干将严格意义上的社会结构理解为制度结构和关系结构的复合表达①。但同时，社会结构必须被看做一种具象结构（embodied structure）。具象结构是在铭刻于人类身体和思想中的习惯和技能中发现的，这些习惯和技能使人们生产、再生产和改变制度结构和关系结构成为可能②。吉登斯为了将具象结构理论化，既吸收了民族社会学又吸收了戈夫曼的相互作用主义者模型，而福柯和布迪厄这两位理论家则把具象结构的问题决定性地放在了社会学的议事日程上③。

在社会结构研究中，默顿针对以往结构—功能主义过于死板地看待结构与功能的关系及其稳定性的局限，提出了结

---

① 〔英〕杰西·洛佩兹、〔英〕约翰·斯科特：《社会结构》，允春喜译，吉林人民出版社，2007，第 16～26 页。

② 〔英〕杰西·洛佩兹、〔英〕约翰·斯科特：《社会结构》，允春喜译，吉林人民出版社，2007，第 6 页。

③ 〔英〕杰西·洛佩兹、〔英〕约翰·斯科特：《社会结构》，允春喜译，吉林人民出版社，2007，第 135 页。

构的功能表现形式，如显功能和隐功能、正功能和负功能等，并强调在社会结构中，功能在不同的社会群体中，其作用是不同的，从而丰富了结构—功能主义。他认为，要建立一套系统完整的功能理论，就应该创造四个前提：①认识有机体的功能条件，是否有效地满足自身存在及发展的需求；②必须认识和描述功能条件在功能过程中的排列与分布；③创造取代旧的功能的能力；④必须解释功能条件及其所能满足的需求。日本学者富永健一运用帕森斯的 AGIL 模型，也得出了同样的结论："像个人寻求需求的满足那样，社会系统也要寻求功能先决条件的满足。"[1] 任何社会系统，都不能对功能先决条件的满足置之不理。

美国著名社会学家布劳（Peter Blau）认为，为社会结构下定义的方式大体有三种：一是将社会结构看做社会关系和社会地位的组合；二是将社会结构看做全部社会生活和历史的基础的深层结构；三是将社会结构看做由社会或其他集体中的人们分化了的社会地位构成的多维空间[2]。社会结构单位的范围从身份、角色、地位，一直到世界体系。这些单位是社会学研究和分析的主要对象[3]。在社会学以及相关学科中，社会结构都是一个使用极为广泛，同时也极为混乱的

---

[1] 〔日〕富永健一：《日本的现代化与社会变迁》，李国庆，刘畅译，商务印书馆，2004。

[2] Blau, Peter M. , *Approaches to the Study of Social Structure*, New York: Free Press, 1975.

[3] 〔美〕戴维·波普诺：《社会学（第十版）》，李强等译，中国人民大学出版社，2006，第103页。

概念。同样是使用社会结构这个概念，在不同学者那里，很可能是完全不同的东西①。事实上，社会结构常常被人认为是一个不需要明确解释和讨论的想当然的概念。但是，在实际应用到这个概念时，却是异乎寻常的模糊和相异。这就导致了这样的结果：对于"这个词的确切意义是什么"这一问题有着很少的共识，社会学家经常为了自己的观点需要而非常轻易地使用这个词，因为他们正好需要社会结构概念的不同、笼统和含蓄的表述现状②。在其中最重要的一部词典里，社会结构被定义为："一个被宽泛的用来指代某些社会行为循环发生模式的词语；或者更具体地说，是指社会系统或者社会的不同元素之间的组织有序的相互关联。"③在给出这个非常笼统的界定以后，该词典又进一步说明："但是，通常没有一个被大家所一致同意的意义，试图提供一个简明扼要定义的努力被证实是非常不成功的。"另一部词典也用惊人的相同方式，认为社会结构是"社会元素的一些相对持久的模式或者相互影响……一个特定社会里社会安排的或多或少的持久模式"④。这部词典也同样重申："尽管其普遍使用，但社会学中不存在关于社会结构的

---

① 孙立平：《转型与断裂：改革以来中国社会结构的变迁》，清华大学出版社，2005，第266页。
② 〔英〕杰西·洛佩兹、〔英〕约翰·斯科特：《社会结构》，允春喜译，吉林人民出版社，2007，第1页。
③ 〔英〕杰西·洛佩兹、〔英〕约翰·斯科特：《社会结构》，允春喜译，吉林人民出版社，2007。
④ 〔英〕杰西·洛佩兹、〔英〕约翰·斯科特：《社会结构》，允春喜译，吉林人民出版社，2007。

统一概念。"

因此，在实际的研究中，由于关注点的不同，大多数学者都根据自己的目的对其加以限定。比如，美国社会学家丹尼尔·贝尔在分析美国政治体系的困境时，将社会结构限定为同政治体系和各行各业的人员分布状况相关，并满足社会正常需求的物质分配的组合体；而日本社会学家富永健一为了分析日本社会变迁的历程，则把社会结构主要限定在产业变迁上。在富永健一看来，社会结构是一个静态的概念，是从角色、制度、社会群体、社区、社会阶层以至国民社会这样一个从微观到宏观的要素结合体，表现在动态上，就是社会变迁[①]。

社会结构的研究经历了一个发展过程。早期研究者往往在自然进化的层面上，强调社会结构的有机性。随着社会结构研究的深入，一批研究者把价值观、思维、情绪特点等也纳入了社会结构的范畴，对现代社会结构各要素的认识也从整体意义走向局部意义，人口结构、阶级与阶层结构及社会地位、现代生活方式结构等的研究，都成了当代学者十分关注的社会结构研究的领域[②]。

二 职业与职业结构

社会阶层结构是社会结构的集中反映，也是社会结构中

---

① 姜汝祥：《体制过渡时期流动人口对社会结构的影响》，《管理世界》1997 年第 6 期。

② 〔德〕沃尔夫冈·查普夫：《现代化与社会转型》，陈黎等译，社会科学文献出版社，1998，第 143 页。

最重要、最核心的结构①。笔者将采用"职业"作为社会分层的标准。在社会研究中，虽然众多有关阶层分析的文章表现各自的主张，但在学术渊源上，仍然可以将其分为理论上的马克思主义、韦伯主义和综合主义（即将马克思主义和韦伯主义结合在一起的阶级分析主义）三个派别。无论是卡尔·马克思的阶级理论，还是马克斯·韦伯的"三位一体"阶层理论，其理论的建构都必须在现实社会中找到其承载物，进而增强其对社会结构的解释力。在现代社会中，尤其是人类进入工业社会以来，工作单位、生产组织甚至社交场所日益取代家庭成为人们的主要活动场所，而人们社会地位的高低也直接取决于职业身份的差异。由此，"职业"日益成为人们社会地位的标志与社会结构分析的基本单位。仇立平指出，职业的内涵不仅仅是职业的社会声望评价，而且是一种社会地位的评价指标，它包括权力、财富、声望。换句话说，社会阶层就是职业地位②。

近年来，在很多方面，各职业群体都具备了社会阶层的应有特征：职业群体内具有较高的同质性，而不同的职业群体间则存在着较高的异质性，职业群体之间差异明显。因此，从职业的角度考察社会结构在理论上和时间上都是可行的③。

---

① 陆学艺：《中国社会结构的变化及发展趋势》，《云南民族大学学报》（哲学社会科学版）2006年第5期。

② 仇立平：《职业地位：社会分层的指示器》，《社会学研究》2001年第3期。

③ 李友梅、刘玉照、张虎祥：《上海社会结构变迁十五年》，上海大学出版社，2008，第108页。

在当前的西方理论界，赖特（Wright）和冈索普（Goldthorpe）分别执掌着西方马克思主义和韦伯主义的门户。赖特从阶层之间的关系来分析美国的阶层结构，冈索普则从职业结构这个代表现代社会基本特色的立场审视资本主义的新变化①。应该说，赖特和冈索普的方法填充了现代社会界认识阶层结构的逻辑空白，本无高下之别。但是，冈索普用于分析的方法更具有普适性，因为利用职业来分层的数据更易采集②。

阶层划分之所以要以职业分类为基础，既是基于操作便利的考虑，也是基于理论研究的结果。在当代社会，职业身份的分类是一种最基本的社会性区分，从事不同职业的人，在收入、声望、教育、权力等方面都存在差异，因而职业的分类与社会分化紧密相关。同时，在调查资料收集和分析方面，个人职业信息较易获得，也易于加以分类处理。因此，许多社会分层研究都以职业分类为基础而展开③。并且，在一个社会的人口不发生重大突变的情况下，人口阶层结构的变化带动着社会基本结构的变化。

美国学者泰勒认为："职业在社会学的意义上可解释为一套成为模式的与特殊工作经验有关的人群关系，这种

---

① Wright, Erik Olin, *Class Structure and Income Determination*, London: Academic Press, 1979; Goldthorpe, J. H., *Social Mobility and Class Structure in Modern Britain*, London: Oxford University Press, 1987.

② 张翼、侯慧丽:《中国各阶层人口的数量及阶层结构——利用2000年第五次全国人口普查所做的估计》,《中国人口科学》2004年第6期。

③ 陆学艺:《当代中国社会流动》, 社会科学文献出版社, 2004, 第2页。

成为模式的人群关系的整合,促进了职业结构的发展和职业意识形态的显现。"日本社会学家尾高邦雄认为,职业是某种一定的社会分工或社会角色的持续的实现,因此职业包括工作、工作的场所和地位三个方面。他指出:"职业是社会与个人,或整体与个体的节点。通过这一点的动态相关形成了人类社会共同生活的基本结构。整体靠个体通过职业活动来实现,个体则通过职业活动对整体的存在和发展作出贡献。"对职业的各种定义通常包括了以下内容:①社会生产过程中角色分工的体现;②社会成员共同生活的基本结构;③个人与社会的连接点;④连续的人类活动;⑤这种活动的内容和场所;⑥通过这种活动建立的人际关系①。

我国职业分类标准自发布以来,越来越接近国际标准职业分类。历次人口普查都有职业分类数据,据此能够全面、完备地对社会结构的变化进行分析。在第五次全国人口普查中,将职业分为以下七大类:①国家机关、党群组织、企业事业单位负责人;②专业技术人员;③办事人员和有关人员;④商业、服务业人员;⑤生产、运输设备操作人员及有关人员;⑥农、林、牧、渔、水利业生产人员;⑦不便分类的其他从业人员。第三次、第四次人口普查将第四类"商业、服务业人员"分为"商业人员"和"服务业人员"两类,笔者在分析第三次、第四次人口普查数据时将两者归为一类。在《当代中国社会阶层研究报告》提出了"以职业

---

① 陈婴婴:《职业结构与社会流动》,东方出版社,1995,第64~65页。

分类为基础，以组织资源、经济资源和文化资源的占有状况为标准来划分社会阶层的理论框架"①。据此标准，将职业分为十大阶层（见表1-1）。从这十大阶层在四个分类指标中的位置来看，我们也可以得知我国人口普查七大类职业各自的阶层位置。

表1-1　十大阶层在四个分类指标中的位置

分类指标 阶层	劳动分工	权威等级	生产关系	制度分割*	占有资源
国家与社会管理者	中高层白领	中高层管理者	受雇（不占有生产资料但可以控制或支配生产资料）	体制内核心部门	组织资源
经理人员	中高层白领	中高层管理者	受雇（不占有生产资料但可以控制或支配生产资料）	体制内边缘部门或体制外	文化资源或组织资源
私营企业主	中高层或低层白领	中高层或基层管理者	雇主（占有生产资料）	体制外	经济资源
专业技术人员	中高层白领	自主从业者或有一定自主性的被管理者	自雇或受雇（不占有生产资料）	体制内或体制外	文化资源
办事人员	低层白领	基层管理者或被管理者	受雇（不占有生产资料）	体制内或体制外	少量文化资源或组织资源

---

① 陆学艺：《当代中国社会阶层研究报告》，社会科学文献出版社，2002。

续表

阶层＼分类指标	劳动分工	权威等级	生产关系	制度分割*	占有资源
个体工商户	低层白领、技术蓝领、非技术蓝领或纯体力蓝领	基层管理者或被管理者	雇主或自雇（占有生产资料）	体制外	少量经济资源
商业、服务业人员	技术蓝领、非技术蓝领或纯体力蓝领	基层管理者或被管理者	自雇或受雇（不占有生产资料）	体制内或体制外	少量文化资源或组织资源
产业工人	技术蓝领、非技术蓝领或纯体力蓝领	基层管理者或被管理者	自雇或受雇（不占有生产资料）	体制内或体制外	少量文化资源或组织资源
农业劳动者	技术蓝领、非技术蓝领或纯体力蓝领	自主从业者	自雇或受雇（占有少量或不占有生产资料）	体制外	少量经济资源或文化资源
城乡无业、失业、半失业者	—	—	—	体制外	基本没有三种资源

* 体制内核心部门是指国家机关和部分事业单位及社会团体，这些单位的资源配置主要受国家计划控制并且主要来自于政府财政。体制内边缘部门是指公有制企业及部分企业化的事业单位和社会团体，这类单位的资源配置受政府计划控制程度较弱。

资料来源：陆学艺《当代中国社会流动》，社会科学文献出版社，2004，第7～8页。

与此相应，职业结构即指一定社会范围内，人们所从事的社会职业类型、比例和分布。它受生产发展水平及人民生活水平的制约。例如，随着科学技术的发展及生产工具的改进，从事第一产业和第二产业的人员比例逐渐降低，而从事第三产业的人员比例逐渐升高。随着信息技术的发展，从事新兴服务业（信息、咨询等）的人员比例在从事第三产业的人员总数中的比例逐年增加。

三　空间理论

物质运动具有时间和空间两种基本形式，虽然这早已是尽人皆知的哲学常识，但相对于时间运动的丰富认识而言，我们对空间运动的认识尚显薄弱。对于空间的理解，在 19 世纪和 20 世纪初期的人文社会科学中主要体现为物质空间论和精神空间论。从康德、黑格尔到尼采的时空观中，历史（时间）的理论不停地被发展，而关于结构（空间）的理论却被遮蔽，因此时间却被视为丰富的、有生命力的、辩证的，而空间长期以来一直被视为死寂的、非辩证的、静止的，被简单地视为社会行动的环境或舞台[1]。社会学经典确实探讨了空间，但探讨的方式很不明晰、很不充分[2]。至于社会发展逻辑与空间变迁形态的辩证关联，更是少有人问津。古典社会学理论虽然缺乏关于"空间"的清晰而系统的理论阐述，但不乏若干具有洞察力的论述片断[3]。至少古典社会学理论大师涂尔干、马克思和齐美尔或多或少地关注过空间这一重要纬度。尤其是早

① 高宏宇：《社会学视角下的城市空间研究》，《城市规划学刊》2007 年第 1 期。
② 〔英〕布赖恩·特纳编《社会理论指南（第二版）》，李康译，上海人民出版社，2003。
③ 〔英〕布赖恩·特纳编《社会理论指南（第二版）》，李康译，上海人民出版社，2003。

期的城市社会学、农村社会学和人类生态学的空间阐述，在某种意义上为后世的空间转向奠定了理论基础①。当前方兴未艾的后结构主义和后现代主义，对空间的认识趋向深化，其中列斐伏尔的《空间的生产》堪称石破天惊之作，卡斯特和哈维为发展出决定城市空间的理论作出了卓越的贡献，索亚更明确地提出社会—空间辩证法及"第三空间"，他们已逐步深入社会与空间的辩证关联这一深刻层面②。

空间的概念是社会的理论表征产生的一个重要起点，因为"社会空间的确是第一和最后（the first and last）的实在"③。尽管马克思有强烈的地理和空间直觉，敏锐地注意到资本主义的兴起导致时间对空间的消解，而空间的形态在资本主义的发展过程中出现了重大转型，这在《共产党宣言》里体现得最为充分。马克思和恩格斯明确地关注了资本主义工业化是如何导致工业城镇极其迅速的增长。但是，空间主要被马克思视为诸如生产处所、市场区域之类的自然语境。在《德意志意识形态》中，城镇与乡村的对立内在地表达了对空间的某种程度的强调，尽管还显得比较隐晦。马克思指出了在客观的表象外衣下隐藏着各种基本社会关系之内核，这实际上隐约论及了空间的社会性，而这正是1970年以后马克思主义空间理论之要义④。

---

① 文军：《西方社会学理论——经典传统与当代转向》，上海人民出版社，2006，第360页。

② 林拓、〔日〕水内俊雄：《现代城市更新与社会空间变迁》，上海古籍出版社，2007，第5页。

③ Bourdieu, P., *Practical Reason*, Cambridge：Polity Press, 1998, p.13.

④ Soja, Edward, *Postmodern Geographies：The Reassertion of Space in Critical Social Theory*, London：Verso, 1989.

总的来说，马克思的空间意识体现在其对早期资本原始积累以及土地资本主义转变的现代性价值的讨论中。正如哈维所说："他（马克思）未能在自己的思想里建立起一种具有系统性和明显地具有地理和空间的观点，从而破坏了他的政治视野和理论。"①

涂尔干作品中涉及的空间具有更多人类学的色彩。他发现空间是一个重要的社会要素：首先，空间本身并没有上下、左右和南北之分，但既然一个特定社会里的每一个人都以同样的方式体现着空间，那么就意味着此类观念有着社会性的起因，即各个地区不同的情感价值使空间具有了不同的品质，空间从而不再是不确定和不清楚的介质，它可以根据源于社会的标准进行划分。其次，在图腾崇拜和宗教仪式中，空间安排会折射出主导性的社会组织模式。因此，涂尔干指出，时间和空间是社会构造物，空间具有社会性，特定社会的人都以同样的方式去体验空间，社会组织则成为空间组织的模型和翻版②。然而，涂尔干的表述到此为止。他并未试图进一步澄清空间的社会性的具体维度③。

对于空间社会学，最重要的经典作家无疑是齐美尔。他论述大都市的经典论文应该放在他讨论空间的更具普遍性的

---

① Harvey, D., "The Geopolitics of Capitalism," in Gregory and Urry (eds.) *Social Relations and Spatial Structures*, London: Macmillan. 1985.

② 〔法〕涂尔干：《宗教生活的基本形式》，渠敬东、汲喆译，上海人民出版社，1999，第12~13页。

③ 文军：《西方社会学理论——经典传统与当代转向》，上海人民出版社，2006。

著述背景当中①。有些社会互动能够将空洞的空间变为有意义的空间，他就分析了这些互动中找到的空间形式的五项基本属性。这些属性就是：一块空间的排他性或独特性；空间可以由此划分成具有空间化"框架"的片断和活动的那些方式；社会互动可以在空间里局部化的程度；距离的远近，尤其是在城市里表现出来的程度等；变动不居的定位的可能性及其后果，尤其是"陌生人"的到来。总的说来，齐美尔认为，随着社会组织开始脱离空间，空间越来越失去其重要性②。齐美尔并没有太多地从城市空间形式的角度来说明城市生活。他的有关著述更像是关于"现代"流动模式对社会生活各个方面所产生的效应而进行的一项早期考察。可是，这些分析并没有就此带来专门的学术研究的兴起，以考察大都市，也就是所谓的"城市社会学"。而"城市社会学"却是在两次世界大战之间在芝加哥大学建立的③。芝加哥学派的兴盛适逢美国城市大发展的时期。

芝加哥曾经的传统是社会研究，特别是城市问题的经验研究。芝加哥学派的社会学是一种城市社会学，它对当时美国芝加哥城所面临的社会问题进行了一系列令人印象深刻的研究。但它的大量研究工作主要针对当时涉及美国所有大城

---

① Frisby, D., *Simmel and Since*, London: Routledge, 1992; Frisby, D., *Sociological Impressionism*, London: Routledge, 1992.

② 〔英〕布赖恩·特纳编《社会理论指南（第二版）》，李康译，上海人民出版社，2003。

③ 〔英〕布赖恩·特纳编《社会理论指南（第二版）》，李康译，上海人民出版社，2003。

市并且超出城市社会学范围的重大社会政治问题：成千上万移民融入美国社会的问题①。芝加哥社会学的特点首先是经验研究，它标志着社会学研究将对社会产生影响的转折。芝加哥社会学通常被看成一个经验研究的重地，它具有较高的理论位置。阿博特（Abbott）说，如果人们不能理解特别的社会行动者，及其在特别的时间和地点作出的安排，就不能理解芝加哥学派的思想。简单地说，芝加哥学派留下的思想是，如果社会事实从它的社会情景（社会空间和社会时间）中抽象出来，就没有任何意义。社会事实是地方性的，关联到它的背景和过程。如果仅仅基于变量的思考，那么单个变量和其他变量的互动很少引起有意义的情景问题，但是当单个变量被看成其他变量的联系后果时，就可能发现它的联系效应②。通过芝加哥社会学的研究文献，我们发现了人们活动的"时间"和"地点"。对芝加哥社会学而言，社会事实是一种地方性存在，它有特别的时间和地点，这在现代社会学中是一个陌生的观念。而芝加哥在 20 世纪 30 年代开始就致力于这样的发现③。

20 世纪 20~40 年代，芝加哥大学的一批学者，特别是罗伯特·帕克（Robert Park）、恩斯特·伯吉斯（Ernest

---

① 〔法〕阿兰·库隆：《芝加哥学派》，郑文彬译，商务印书馆，2000，第 1~2 页。

② 张静：《芝加哥大学的社会学传统》，载张立升主编《社会学家茶座》第 10 辑，山东人民出版社，2005。

③ 张静：《芝加哥大学的社会学传统》，载张立升主编《社会学家茶座》第 10 辑，山东人民出版社，2005。

Burgess）和路易斯·沃尔斯（Louis Wirth）等人发展出的思想，多年以来一直是城市社会学理论和研究的基础。

罗伯特·帕克深受齐美尔思想的影响，两人在社会学上的共同之处就是对"社会空间"概念的使用，他们都把空间视为一种社会学的事实①。1916 年，帕克最早把达尔文的生物竞争等概念引入城市社区研究中。帕克和他的同仁用自己的实践开创了城市社会学的两个传统研究领域：城市生态学（城市空间结构理论）和城市文化学（城市文化适应理论）。帕克等人把城市看成一个由内在过程将各个组成部分结合在一起的社会有机体，将生态学原理（竞争、淘汰、演替、优势等）引入城市研究，从人口与地域空间的互动关系入手研究城市的发展。他们特别强调，城市的区位布局、空间组织是通过竞争谋求适应和生存的结果②。1925 年，伯吉斯对城市用地功能区的布局进行研究后提出了著名的同心圆城市扩展模式。城市五大功能区是按同心圆法则，自城市中心向外缘有序配置的。他还认为，这是城市土地利用结构的理想模式。这种模式的空间结构是，从中心向外，分别是中心商业区、过渡性地区、工人阶级住宅区、中产阶层住宅区、高级或通勤人士住宅区，呈现出有序的圈层状态。这一时期进行的城市研究对于空间研究最大的贡献就是形成了系统的都市空间结构理论，比如和"同心圆理论"

---

① J. Nicholas Entrikin, "Robert Park's Ecology and Human Geography," *Annals of the Association of American Geographers*, 1980, 70.

② 白友涛：《芝加哥学派及其学术遗产》，《社会》2003 年第 3 期。

同时出现的霍伊特的"扇形理论"以及哈里斯和厄尔曼提出的"多核心理论"。其共同点是以经济活动为考察都市空间结构的核心，试图提出解释城市发展的理论模型①。

　　杨庆堃先生是国内空间研究的社会学先驱。在其以后很长的时期里，国内这方面的研究仍然比较欠缺②。杨庆堃先生在《中国近代空间距离之缩短》一文中借用美国社会学家麦肯齐 1933 年提出的"时空压缩"（time-space compression）概念，来探讨中国各地区的空间缩短了多少，中国广大幅员的空间性质发生了什么变化③。结合身体的流动可以很形象地说明这一点。他认为："空间本来是离间人对人的关系的因素。两个地点相离愈远，两地的人群的相互关系就愈薄弱，两者之间的组织愈见散漫。但是空间对于人事的离间作用，是随着交通运输方法而变迁的。"随着现代交通运输方法的进步，令各地之间的交通时间和运费大大削减，因而令各地之间的人事关系更加密切。在现代交通运输系统充分发达的国家，各地社区有密切的分工和互相依赖的关系，两地之间无论是相隔咫尺还是遥遥千里，都能够发生配合一致的行动。在这种情形下，国家是一个组织紧凑的整体，广大的幅员也就成了国家力量的总和。吉登斯也曾作过类似的论

---

① 叶涯剑：《空间重构中的权力与日常生活——基于一个城市公园的案例研究》，博士学位论文，中山大学，2006。
② 叶涯剑：《空间重构中的权力与日常生活——基于一个城市公园的案例研究》，博士学位论文，中山大学，2006。
③ 杨庆堃：《中国近代空间距离之缩短》，《岭南大学学报》1950 年第 10 期。

述：从美国的东海岸到西海岸作一次旅行，在 18 世纪需要靠步行花两年，19 世纪需要坐马车花四个月，20 世纪初需要乘火车花四天，而到了 20 世纪末，则只需搭飞机不到四个小时①。这种时间和空间的压缩也包含了各种各样的转型，生产的周转时间越来越短，时尚的变迁步伐越来越快，决策的时间范围大大缩减，货币及其他交易的速度大大加快……这些剧烈的时间和空间压缩形式的出现，并不意味着场所的重要性必然也随之降低。时间和空间的界限越不重要，流动资本、移民、旅游者和寻求庇护者对场所的变异就会越敏感，而各个场所标新立异的动力也就越强②。此外，杨庆堃先生在研究清末民变的大众行动事件时，引入了时空分析方法，对地方群众运动的时间和空间分布进行了定量研究："纵方面来说，时限超过一个世纪（115 年），横方面是在中国广阔的幅员中找出要研究的数据 6000 多项。"③

　　空间的衍生概念有场所、同存性、时空压缩④，还有场域、区域等。笔者重点阐释"区域"这一概念，它也是本书研究的重要概念之一。吉登斯认为，社会系统的时空构成恰恰是社会

---

① Anthony Giddens, *The Constitution of Society*, University of California Press, 1986, p. 231.

② 〔英〕布赖恩·特纳编《社会理论指南（第二版）》，李康译，上海人民出版社，2003。

③ C. K. Yang, "Some Preliminary Statistical Patterns of Mass Actions in Nineteenth-Century China," *in* Fred Wakeman, *Conflict and Control in Late Imperial China*, University of California Press, 1975.

④ 叶涯剑：《空间重构中的权力与日常生活——基于一个城市公园的案例研究》，博士学位论文，中山大学，2006，第 15 页。

理论的核心①。而近年来，除了一些地理学家的著作之外，社会科学家一直未能围绕社会系统在时空伸延方面的构成方式来建构他们的社会思想②。他倡导以"区域化方式"来思考问题。他认为，不应该把"区域化"仅仅理解为空间的局部化，"区域化"还涉及了与各种例行化的社会实践发生关系的时空的分区③。区域化可能包含着在时间跨度或空间范围上千差万别的分区。所谓范围广泛的区域，就是指那些在空间上涵盖了广大的地域，而在时间上也历时弥久的区域。当然，在这些区域中，空间和时间的"范围"都可能以各种不同的方式相互交织在一起，但所有范围较大的区域都往往必然依赖某种程度较高的制度化。在这里使用"区域"这个概念，总是带有社会行为跨越时空进行结构化的内涵④。因此，若从阶级（阶层）的关系以及其他各种不同的社会标准的角度出发，就会发现，在各种各样的区域，如中国的南方和北方，存在着高度的区域分化。所谓的"北方"（或南方），不仅仅是从地理角度划定的地区，而且具有早已确立的显著的社会特征。

区域是经济学、地理学等学科普遍使用的概念，也是一个有争议的概念。不同学科对区域概念的界定之所以存在一

---

① 〔英〕安东尼·吉登斯：《社会的构成》，李康、李猛译，三联书店，1998，第 196 页。

② 〔英〕安东尼·吉登斯：《社会的构成》，李康、李猛译，三联书店，1998，第 195 页。

③ 〔英〕安东尼·吉登斯：《社会的构成》，李康、李猛译，三联书店，1998，第 206 ~ 207 页。

④ 〔英〕安东尼·吉登斯：《社会的构成》，李康、李猛译，三联书店，1998，第 210 ~ 211 页。

些差异，根本原因就在于，区域概念有时看起来很模糊、不一致。费孝通先生对区域概念的看法有其独到之处。他认为，社会学的区域概念有别于地理学的区域概念，也可能超出行政区域的界限，更多的是功能的取向；一个区域内各个组成部分之间，重要的不在于地理环境或行政隶属关系是否相同，而在于整合程度的高低；更重要也更富有建设性意义的是，费孝通教授指明了着手区域发展研究的方向和道路，找到了实际研究过程中易于操作化的指标，他主张应当从城市和乡村两个方面，去研究社会经济区域发展中出现的许多新问题①。在《行行重行行（续集）》中，他更清楚地表明了这一看法。他认为，当前经济的发展正在突破行政区划的界限，对中国的经济布局，不宜从行政区域的角度去看，而要超脱行政区域，看到市场经济发展过程中客观存在的和必然要求建立的经济联系②。根据这样的经济联系，费孝通提出了长江三角洲经济开发区、环渤海经济区、黄河上游多民族开发区、黄河三角洲开发区等地区的设想和方案。

中国的地理格局以多样性著称，不同区域之间存在着较大的地理学意义上的差异，而这一差异形塑了区域之间似乎较为稳定的政治、经济、文化和社会上的差异。在历史研究中，中国被划分为不同的社会经济区域。叶显恩、陈春生认为："既可以行政区域为界，也可打破行政区域的界限，按山脉走向、江河流域、市场网络和人文风俗不同的标准来

---

① 费孝通：《行行重行行》，宁夏人民出版社，1992，第106页。
② 费孝通：《行行重行行（续集）》，群言出版社，1997，第47页。

确定。"① 杨国桢则认为，社会经济区域是社会经济有机体的地域组合，它是"自然生态环境、经济环境和人文环境、政治环境条件大体相同或相近的地理空间有机结合起来的"②。施坚雅致力于从区域市场体系的视角来理解中国，他研究发现明清时期形成的各个大区体系至今仍然存在，其持续性尤其值得关注③。这一发现表明，几百年的社会发展并没有明显重构中国的区域地理格局。它进一步隐含的意义是，我们也许需要从这一延续性中发现政策含义甚至重新思考中国行政区划和治理架构，乃至将区域定位为中国社会学的一个基本研究单位④。

由于区域概念的模糊性和可争议性，人们在谈到区域问题时，在不同场合下所表达的区域的范围有很大的伸缩性⑤。例如，世界有五大洲七大洋，每个洲又划分为不同地区（如东亚、东南亚、南亚），也有跨大洲的区域（如亚太地区）；研究我国的区域差异通常有以下几种划分方法，①两分法，把我国划分为两个部分，即沿海和内地省区；②三分法，把我国划分为三个部分，即东部、中部和西部地区；③七分法，把我国划分为七个部分，即远西、北部腹地、南部

---

① 叶显恩、陈春生：《论社会经济史的区域性研究》，载叶显恩《清代区域社会经济研究》，中华书局，1992，第 22 页。

② 杨国桢：《清代社会经济区域划分和研究架构的探索》，载叶显恩《清代区域社会经济研究》，中华书局，1992，第 34 页。

③ 施坚雅：《中华帝国晚期的城市》，中华书局，2000。

④ 何雪松：《社会问题导论：以转型为视角》，华东理工大学出版社，2007。

⑤ 张敦福：《区域发展模式的社会学分析》，天津人民出版社，2001，第 34 页。

腹地、中部核心、北部沿海、东部沿海、西南沿海；④九分法，把我国划分为九个部分，即东北、云贵、长江上游、长江中游、长江下游、岭南、西北、华北和东南沿海；⑤ "30分法"，即依据省级行政单位划分；⑥ "2134分法"，即根据县级行政单位划分①。本书具体采用的方法将在下文有所介绍。

四 区域关系研究

1. 依附理论和世界体系理论

依附理论最初形成是出于批判现代化理论的需要。1950年，阿根廷经济学家劳尔·普雷维什（Raul Prebisch）认为，世界经济是一个体系，这个体系由核心（西方发达资本主义国家）和边陲（非西方不发达国家）两个部分构成，核心和边陲之间的经济关系是不平等的，核心国家通过不公正的贸易条件剥削边陲国家。这正是导致不发达国家贫穷落后的根本原因②。普雷维什的"核心—边陲"概念，后来通过弗兰克（A. G. Frank）和阿明（Samir Amin）以及多斯桑托斯（T. dos Santos）等人发展成为依附理论③。

弗兰克把普雷维什的"核心"称为"宗主"，把"边陲"称为"卫星"。他认为，在整个世界经济体系中，"宗

---

① 王绍光、胡鞍钢：《中国：不平衡发展的政治经济学》，中国计划出版社，1999。

② Raul Prebisch, *The Economic Development of Latin America and Its Principal Problems*, New York：United Nations, 1950.

③ 蔡禾、张应祥：《城市社会学》，中山大学出版社，2003，第207页。

主—卫星"关系不仅存在于世界层次，即发达国家和不发达国家之间，也存在于每个卫星国内部。不发达国家有如下经济和社会特征：其生产部门的兴衰以核心国的兴趣和需要为转移，核心国感兴趣和需要的部门比较繁荣，反之则萧条；经济上呈现"二元结构"，现代经济部门是核心国经济的延伸，与核心国经济联系不密切的部门相当落后；与二元经济结构相对应，不发达国家呈现明显的"二元社会结构"，城市中的富裕社会与农村中的贫穷社会共存；在国际贸易上，依附型不发达国家主要出口原材料和初级产品；等等。

关于依附概念，多斯桑托斯认为："依附是这样一种状况，即一些国家的经济受制于它所依附的另一国经济的发展和扩张。两个或更多国家的经济之间以及这些国家的经济与世界贸易之间存在着互相依赖的关系，但是结果某些国家（统治国）能够扩展和加强自己，而另外一些国家（依附国）的扩展和自身的加强则仅是前者扩张……的反映，这种相互依赖关系就呈现依附的形式。不管怎样，依附状态导致依附国处于落后和受统治国剥削这样一种局面。"①

依附理论认为，发展中国家要实现自身发展，就应当摆脱对西方发达国家的依赖，阻止西方贸易、技术、跨国公司、教育与思想的侵入，自力更生。

从 20 世纪 70 年代开始，依附理论被世界体系理论所批

---

① 〔巴西〕多斯桑托斯：《帝国主义与依附》，毛金里等译，社会科学文献出版社，1999，第 302 页。

判和发展。世界体系理论是沃勒斯坦（Immamuel Wallerstein）及其同事在 70 年代中期提出的。世界体系理论用体系观点来分析整个世界及其组成部分的发展与变化，它不像依附理论那样将世界简单地划分为核心与边陲，而是将整个世界视为一个统一的整体，探讨其总体的发展规律，并从其总体的发展过程中分析作为部分的国家和社会的发展。

沃勒斯坦的现代世界体系包括政治、经济、文化三个方面，即世界体系由一体化的世界经济体、多民族国家体系和多元文化体三个层次构成。这里主要探讨其经济特征。世界体系是世界体系理论的基础概念，是指由许多不同的要素组成的社会体系，"它具有范围、结构成员集团、合理规则和凝聚力"。世界体系是一个整体性经济单位，有其整体的发展与变化规律，并支配和制约着各个国家和地区的局部的发展与变化。现代世界作为一个整体所具有的现代特征以及各个地区卷入现代资本主义的方式和过程，特别是各个地区在现代世界中所处的地位以及由此产生的各个局部社会的现代特征，都必须在这个体系中来理解。因此，沃勒斯坦认为，无论是发达还是不发达，都只是世界体系的发展与变化在各个组成部分上的具体反映。沃勒斯坦认为，人类历史虽然包含着各个不同的部落、种族、民族和民族国家的历史，但这些历史不是孤立地发展的，而是相互联系着发展和演变的，总是形成一定的"世界性体系"。16 世纪以前，"世界性体系"主要表现为一些"世界性帝国"，如罗马帝国、中华帝国等。这些"世界性帝国"有一个单一的政治中心，但没有与之相应的"世界性经济"，即使有一点，也是极不稳定的。到了 16 世纪，随着资本主义生产方式的发展，开始以西北欧为中心，形成"世界性经济体系"，就是"资本主义的世界经济体"①。

沃勒斯坦认为，资本主义从一开始就不是在单个国家内孤立地出现的，而是作为一个世界性的体系出现的，它由中心区、半边缘区和边缘区这三个组成部分联结成一个整体结构。其不同于"世界性帝国"之处在于，它有一个自成一体的经济网络，却没有一个统一的政治中心，就像我们现在所说的"全球化"事实上更多的是指经济全球化。三个不同的组成区域承担着三种不同的经济角色：中心区利用边缘区提供的原材料和廉价劳动力，生产加工制品向边缘区销售牟利，并控制世界体系中的金融和贸易市场的运转。边缘区则与中心区相反，它除了向中心区提供原材料、初级产品和廉价劳动力，还提供销售市场。半边缘区介于两者之间：对中心区部分地充当边缘区角色，对边缘区部分地充当中心区角色②。

沃勒斯坦认为，世界体系具有生命的周期性。劳动分工以及由此带来的中心、边缘、半边缘是世界体系的空间表现，而周期是世界体系在时间方面的体现。正如沃勒斯坦自己所说的那样，在某种程度上我们关心长时段社会变化，我们的兴趣主要是较长的周期，即那些平均长度为 50~60 年的通常被称为康德拉季耶夫的周期，以及更长一些的、平均 200~300 年的长周期③。

---

① 〔美〕伊曼纽尔·沃勒斯坦：《现代世界体系》第 1 卷，尤来寅等译，高等教育出版社，1998，第 4~8 页。

② 〔美〕伊曼纽尔·沃勒斯坦：《现代世界体系》第 2 卷，吕丹等译，高等教育出版社，1998。

③ 王正毅：《世界体系论与中国》，商务印书馆，2000，第 128 页。

世界体系从来就不是静止的，而是处于无休止的变动之中。在扩张过程中，各经济角色及其地域分布也发生变化：有正向变化，即某些边缘区可能上升为半边缘区，某些半边缘区可能上升为中心区；也有逆向变化，即某些经济角色的地位可能下降，中心区也会扩大和转移。

世界体系理论与依附理论也有许多共同之处，甚至有人把它们看成同一个理论派别。然而，由于世界体系理论的演变，依附理论与世界体系理论的差别则越来越大：第一，分析的单元不同，世界体系理论的分析单元是世界体系，坚持把世界体系作为社会科学的分析单元，而依附理论仅侧重国家层面。第二，受法国历史方法论的影响，沃勒斯坦认为社会的真实性处于一种波动状态之中。不同于集中于民族国家的兴旺与衰退的依附理论，世界体系学派研究世界经济的历史动力学①。

以上是对依附理论和世界体系理论的简要叙述，从中可以看出，不管是依附理论，还是世界体系理论，包括其中的各个不同的派别，都看到了资本主义使世界形成了一个整体和体系，认识世界上的不同国家的发展，必须从资本主义世界体系的全局和它们在这个体系中所处的位置入手。

2. 中心—外围理论

许多学者在分析跨越较大时空范围的区域化时，会运用"中心"（center）与"外围"（periphery）或"核心"（core）与"边缘"（periphery）理论。

核心—边缘理论是 1966 年由弗里德曼（J. R. Fridemann）

---

① 顾伯平：《人生五十半部书》，人民出版社，2008。

在他的学术著作《区域发展政策》（*Regional Development Policy*）一书中正式提出的。1969 年他在《极化发展理论》中，又进一步将"核心—边缘"这个具有鲜明特色的空间极化发展思想归纳为一种普遍适用的主要用于解释区际或城乡之间非均衡发展过程的理论模式。他认为，任何空间经济系统均可分解为不同属性的核心区和外围区。该理论试图解释一个区域如何由互不关联、孤立发展，变成彼此联系、发展不平衡，又由极不平衡发展变为相互关联的平衡发展的区域系统。而区域空间结构的发展可以划分为表 1-2 所示的四个阶段。

表 1-2　J. 弗里德曼的"核心—边缘"理论

项　　目	前工业化阶段	工业化初期阶段	工业化成熟期阶段	空间经济一体化阶段
资源要素的流动状态	较少流动	边缘区资源要素大量流入核心区	核心区要素高度集中，开始回流到边缘区	在特定区域内全方位流动
区域经济的典型特征	已存在若干不同等级的经济中心，但彼此之间缺乏联系	核心区进入极化过程，少数主导地带迅速膨胀	核心区开始对外扩散，边缘区出现规模较小的新的核心	多核心区形成，少数大城市失去原有的主导地位，区域发展为城市体系

资料来源：陈鸿宇《区域经济学新论》，广东经济出版社，1998，第 37 页。

弗里德曼的核心—边缘理论认为，核心区域与边缘区域的关系在经济发展的不同阶段会发生转化。在发展的初级阶段，是核心区域对边缘区域的控制、边缘区域对核心区域的依赖，然后是依赖和控制关系的加强。但是，随着社会经济的发展，随着核心扩散作用的加强，核心将带动、影响和促进边缘区域的发展。边缘区域将形成次级核心，甚至可以取代原来的核心区域的控制①。

　　吉登斯认为，核心与边缘的区别经常与时间上的持久性联系在一起。那些占据中心的人也"已经确立"了自身对资源的控制权，使他们得以维持自身与那些处于边缘区域的人的分化。已经确立自身地位的人或者说局内人（established）可以采取各种不同形式的社会封闭，借以维持他们与其他人之间的距离，其他人实际上是被视为低下的人或者说局外人（outsider）。在世界经济体系中，"已经确立地位"的西方核心地带的工业国维持着一种中心位置，它的基础是这些国家在时间上领先于那些"欠发达"社会。世界体系的地缘政治性的区域化可能正在经历变化，例如，制造业的生产中心正在转向昔日的边缘地带东亚。但是，到目前为止，时间上的领先这个因素一直对空间上的优越性产生着决定性的影响。在世界各地，在民族—国家的内部，核心或边缘的区域化看起来都是和存在各种"既定体制"（establishments）联系在一起的。这些既定体制就是支配阶级的结构化的关键②。

　　由于核心—边缘理论基本上是以极化效应（即向心倒流效应）和扩散效应（即离心扩散效应）来解释核心区域与边缘区域的演变机制，与增长极理论的机制解释有许多类似之处，故有些人常把这两种理论混淆，或者互相替换。又

----

① 崔功豪、魏清泉、陈宗兴编著《区域分析与规划》，高等教育出版社，2002，第232页。
② 〔英〕安东尼·吉登斯：《社会的构成》，李康、李猛译，三联书店，1998，第222～223页。

因为核心与边缘的关系有一定的控制与依赖的关系，与西方所谓激进经济学派的依附理论有一定的相似性，故有人也把该理论与依附理论相提并论，或视为同一①。

除弗里德曼的四阶段理论外，李斯特、赫希曼、罗斯托、钱纳里、胡佛、费希尔和埃及的发展经济学家萨米尔·阿明也提出过类似的区域发展阶段理论（见表1－3）。

表1－3　世界主要经济学者划分的区域发展阶段

学　者	未开发阶段	发展阶段			发达阶段
		前期	中期	后期	
李斯特	1. 原始时期 2. 畜牧时期 3. 农业时期	4. 农业、工业时期			5. 农业、工业、商业时期
赫希曼	1. 出口是经济增长的发动机	2. 进口替代阶段	3. 不平衡增长导致结构膨胀	4. 打破"瓶颈"限制,降低进口倾向	5. 低进口倾向,经济增长率提高
罗斯托	1. 传统社会 2. 起飞前阶段	3. 起飞阶段	4. 向成熟推进阶段	5. 高额群众消费阶段	6. 追求生活质量阶段
钱纳里	1. 初级产品生产阶段	2. 工业化阶段(包括初级、中级和高级阶段)			3. 发达经济阶段
胡佛、费希尔	1. 自给自足经济阶段	2. 乡村工业崛起阶段	3. 农村生产结构转换阶段	4. 工业化阶段	5. 服务业输出阶段(成熟阶段)
萨米尔·阿明	1. 殖民主义阶段	2. 进口替代阶段	3. "外围"国经济自主发展阶段	—	—

资料来源：陈修颖《区域空间结构重组——理论与实证研究》，东南大学出版社，2005，第14页。

———

① 崔功豪、魏清泉、陈宗兴编著《区域分析与规划》，高等教育出版社，2002，第228页。

从一个独立的系统构成出发，综合地考虑各种变量，从而解释区域经济由不均衡增长到最终均衡增长的完整进程，这就使得核心—边缘理论可以容纳区位论、点—轴理论、增长极理论，以至新古典主义模型、缪尔达尔模型、赫希曼理论的合理成分，使其理论原则适合于任何经济空间，成为从总体角度处理特定区域空间经济问题的一般理论。这就是核心—边缘理论的价值所在①。

第三节　研究意义

一　理论意义

社会结构问题是社会哲学的基本问题，也是社会学的基本问题。当我们研究每一具体的社会问题时，几乎都要考虑到或牵涉到具体社会问题与社会结构的关系。正是由于这一原因，西方哲学、社会学十分重视对社会结构原理论问题的求索。有学者认为，发现社会结构是社会学界最大的贡献，可知研究社会结构具有重大的价值。社会结构反映社会系统的本质特征，反映社会分工和协作的方式及生产力与生产关系的发展水平，因此对社会结构进行研究，可以知道社会如何才是有活力的、维持向前发展的。处于快速社会变迁进程中的中国社会，迫切需要一种宏观性的、综合性的理论，对于社会分层的急剧变化提供解释，而追随国外学者进行的中国社会分层研究大多不能满足这种需求。研究社会结构及其

---

① 陈鸿宇：《区域经济学新论》，广东经济出版社，1998，第38页。

演变历史，有助于认识社会发展变化的奥秘，促进它的进步。同时，所有的社会都占据一定的空间，但社会学对其研究甚少，因此，对社会结构的空间变迁进行研究可以说在一定程度上弥补了原有研究的不足。

另外，在社会分层以静态的角度描述阶层结构的分化内容、形式、形成和分布，分析社会阶层结构质变过程的同时，从动态的角度描述阶层分化中的互动机制、时空范围、方向速度，从而分析阶层结构的量变过程，也是不可或缺的。

二 现实意义

改革开放以来，当今中国社会结构发生了巨大的变化。在生活中，我们的直接感受就是社会阶层结构中似乎出现了更多的、新的利益群体；城乡差距、贫富差距拉大；大学生毕业后面临巨大的就业压力；中国人口老龄化的出现……最近一个时期，中央也强调要加强对社会结构发展变化的调查研究。只有深入认识和分析阶层结构、城乡结构、区域结构、人口结构、就业结构、社会组织结构等方面的发展变化和发展趋势，才能深入认识我国社会发展的特点和规律，指出社会流动应该的指向，如壮大中产阶级，或增加某个职业阶层，或加强社会结构之间的嵌套和整合。

另外，改革开放以来，中国的社会结构经历了巨大的变迁，但是由于区域发展的差距，社会变迁的地区差异也相当明显。因此，从空间的角度研究社会结构变迁，对构建和谐的社会空间结构具有较大的意义。中国目前处于制度转型时期的基本事实，是我们进行空间结构研究的基本出发点。这一命题的提出，正是出于对中国深层社会、经济体制变迁的关注，应用结构主义、制度主义等方法进行社会空间结构演化机制的分析，对推进、深化我国社会空间结构的研究方法与研究领域将有重要的学术价值。从我国的社会、经济发展现实看，基于制度转型的研究，毫无疑问可以更深刻地理解和把握社会空间结构演化与重构的机制和规律，以便于通过对空间过程的引导、控制干预来反馈、调节社会—经济—空间复合系统的总体发展。

总而言之，本研究的意义主要体现在：①以往关于社会结构的变迁研究较多，但是对社会结构变迁与空间形态变迁的辩证关联的研究较少。有些学者进行了研究，但基本局限于某个省份、某个城市或某个区域（对长江三角洲、珠江三角洲、环渤海地区的研究较多），或者对全国的社会结构进行了分析，但是基本以省为单位，有些研究具体到市；而本研究则以各市辖区、市辖县为分析单位，可以说是比较系统、综合的研究。②本研究是多学科研究综合。它是社会学、人口学、地理学以及经济学等学科的综合。③利用地理信息系统（GIS）技术还原社会结构的空间变迁，比较直观，这也是本书的主要特色之一。

第四节　研究设计

一　方法论

1. 结构主义的方法论

结构主义认为，理解和认识任何现象和事物都分为三个层次：①表层，即上部结构；②过程，即下部结构；③控制，即深层结构。第一层次显示的是表象，社会的表层结构包括其社会、文化、政治和空间结构，这种上部结构不能解释自身的存在。创造上部结构的过程在下部结构中，这是不能观察到的。要分析其性质，只能通过理论认识并与上部结构的表象进行比较①。结构主义对空间结构的认识逻辑提示了它研究空间结构的一般方法。第一，结构分析最强调分析的总体性，即一个社会每个生产生活的片断，都应回归到社会总体结构的基本特性上去。第二，结构分析的总体性更强调构成结构的每个环节的特性，即着力去寻找总体结构的每个位点的分布及其相关特征②。结构分析是一种整体论观点，从哲学观上说，各种结构都有自己的整体性，即结构的各组成部分之间的关系都服从于整体性规则。另外，结构分析是一种共时（synchronic）分析，即它侧重于横向剖析许多社会，并考察它们之间的结构关系③。

2. 空间社会学的方法论

在方法论层面，关于空间的理论阐述在很大程度上都企图摆脱方法论的个人主义和整体主义，而期望以方法论的关系主义去检视空间的生产、运作和消解，从而更好地把握社会的结构与过程④。德国经济学家勒施说过："如果每件事

① 〔英〕约翰斯顿：《地理学与地理学家》，唐晓峰等译，商务印书馆，1999。

② 渠敬东：《坚持结构分析和机制分析相结合的学科视角处理现代中国社会转型中的大问题》，《社会学研究》2007 年第 2 期。

③ 吴忠民、刘祖云：《发展社会学》，高等教育出版社，2003，第 390 页。

④ 何雪松：《社会理论的空间转向》，《社会》2006 年第 2 期。

情同时发生，就不会有发展。如果每件事情存在于同一地方，就不会有特殊性，只有空间才使特殊性有可能，然后在时间中展开。"① 传统的关于中国社会变迁的研究考察的是时间流中的社会存在，而本研究是整合"时间""空间"和"社会结构"的三维向度研究。所谓的"时间"维度指中国社会的现代化历程，"空间"指结合物质性与符号性的空间形态，社会结构铺陈于空间中并在时间中展开，这一分析架构实际上反映了空间社会学的方法论②。

二 研究框架

本研究主要由以下三个部分构成：

第一，由中国社会转型背景下的中国区域发展差异出发，引导出研究主题。鉴于对社会结构有着很多不同的认识和理解，本书首先对社会结构的概念进行了梳理和界定，并对空间理论和区域关系进行了回顾，建立了研究新形势、新背景下的社会结构变迁的方法。

第二，对改革开放以来的社会职业结构变化及其特征进行了描述和分析，对中国职业类型空间格局变动与各职业集中指数空间分布变动进行了描述与分析；并且分析了典型职业群体的变动和典型区域职业结构空间格局的变迁。

第三，在此基础上，分析了中国职业结构空间格局变迁的

---

① 〔德〕奥古斯特·勒施：《经济空间秩序——经济财货与地理间的关系》，王守礼译，商务印书馆，1995，第 167 页。

② 叶涯剑：《空间重构中的权力与日常生活——基于一个城市公园的案例研究》，博士学位论文，中山大学，2006。

机制；前文的研究得出的结论是：中国大部分县市农业人口仍占主导地位，中国大部分县市尤其是内陆县市仍属于贫困农业县，同时失业问题严重、就业形势严峻。针对这一局势，本书提出了提高底层人民收入、保障社会变迁过程稳定的政策建议。

本书的研究框架如图 1 - 1 所示。

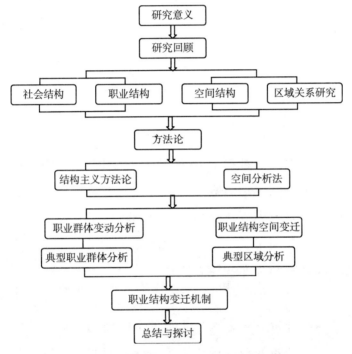

图 1 - 1　职业结构时空变迁研究框架

三　数据处理

1. 区域介绍

县是社会经济功能比较完整的基本单位，也是宏观管理的基层单位，县域经济属于国民经济大系统，是国民经济的基础区域和基本支柱①。随着市场经济的发展，我国县市社会经济日益呈现出多样化特点。县级（指县、市辖区、不设区的市）作为我国最能反映地域自然、文化特征和经济发展一体化的行政单位，受到各级决策和市场规划部门的重视，它的社会经济状况也越来越为人们所关注。中国各地经济发展水平不均衡，职业结构也存在着很大的差别。因为"县社会是总体社会的基础社会和缩影"②，所以本书以各市辖区、市辖县为单位，对全国各地的职业结构类型与差别进行细致剖析。人口普查是反映这一状况的有效途径。

改革开放以来，有些县市行政区划调整较大，已看不出原来的地域范围，因此笔者以 2000 年行政区划为准，按照"就大不就小"的原则将其合并。以景德镇市为例：在人口普查数据中，1982 年为景德镇市区和乐平县，1990 年为景德镇市、浮梁县和乐平县，2000 年分为昌江区、珠山区、浮梁县、乐平市，由于三个年份差异较大，1982 年无浮梁县，笔者将景德镇的各个区、市、县均合并为景德镇市，以便于数据处理。当然，在可能的基础上，还是尽量以小单位为标准。

同时，剔除了一些特别的地区，如海南省的西沙群岛、中沙群岛、南沙群岛，青海的大柴旦地区、冷湖地区和茫崖地区，以及西藏自治区的盐井、碧土、妥坝、生达、隆格尔

---

① 罗铁成、高为华：《加快农业县发展的金融策略》，《农业经济问题》1994 年第 3 期。

② 李培林：《我国县社会的职业群体结构》，《管理世界》1990 年第 2 期。

等地，主要是因为这些地区人口极其稀少，影响整体的划分。由于港澳台数据缺失，不对其进行分析。以此标准，全国共有 2337 个县（市）的数据纳入分析。笔者在整理全国各县区资料时发现，经济越发达的省份，其行政区划调整越频繁；经济越落后的省份，其行政区划调整越稳定不变。例如，广东省和上海市，调整频繁；而西藏、贵州、云南等地区，其县级行政区划几乎没有什么改变。另外，1990 年与 2000 年的县级行政区划较一致，而 1982 年与 1990 年的差异就比较大。

在比较地区差异时，笔者按照传统区域划分方法，主要采用三分法。但是，2005 年 6 月，国务院发展研究中心发表《地区协调发展的战略和政策》报告指出，中国所沿袭的东、中、西区域划分方法已经不合时宜。为此，报告提出"十一五"期间内地划分为东部、中部、西部、东北四大板块——沿海地区、中部地区、西部地区和东北地区①。同时结合六分法进行分析（见表 1 - 4）。

2. 数据来源

全国人口普查抽样数据是本书最主要的数据来源。人口普查是对全国范围的调查，因此我们可以确定其权威性。

本书采用的第一套人口普查数据为 1982 年、1990 年和 2000 年人口普查全国分县资料。人口普查分县数据包括人口自然构成、社会构成、经济结构以及家庭居住等指标，尤

---

① 笔者对这一观点表示赞同。下文的分析也证实 20 世纪 90 年代以来，东北地区与东部其他省份的差距在拉大。

表 1-4　区域划分方法

类别	区域	省份
三分法	东部	北京、天津、河北、上海、江苏、浙江、福建、山东、广东、海南、黑龙江、吉林、辽宁
	西部	四川、重庆、贵州、云南、西藏、陕西、甘肃、青海、宁夏、新疆、广西、内蒙古
	中部	山西、安徽、江西、河南、湖北、湖南
四分法	东部	北京、天津、河北、上海、江苏、浙江、福建、山东、广东、海南
	西部	四川、重庆、贵州、云南、西藏、陕西、甘肃、青海、宁夏、新疆、广西、内蒙古
	中部	山西、安徽、江西、河南、湖北、湖南
	东北	黑龙江、吉林、辽宁
六分法	华北	北京、天津、河北、山西、内蒙古
	东北	辽宁、吉林、黑龙江
	华东	上海、江苏、浙江、安徽、福建、江西、山东
	中南	河南、湖北、湖南、广东、广西、海南
	西南	重庆、四川、贵州、云南、西藏
	西北	陕西、甘肃、青海、宁夏、新疆

其是《2000 年人口普查分县资料》作为 2000 年人口普查专题数据集之一，涵盖了 2000 年全国 2869 个县级单位的人口自然构成、社会构成、经济结构以及家庭居住状况共 135 项指标，是一份系统、翔实的县级大型数据资料，展示了我国各地区人文和经济发展的全貌①。

本研究第二套人口普查数据来自 1982 年第三次人口普查（简称"三普"）1% 抽样数据、1990 年第四次人口普查（简

---

① 参见 2000 年人口普查分县光盘数据说明。

称"四普")1%抽样数据和 2000 年第五次人口普查（简称"五普"）0.1% 抽样数据，笔者还对全国第三、第四、第五次人口普查汇总数据进行了分析。人口普查抽样数据包括行业、职业、户口登记状况、户口性质、出生地、迁入迁出地类型和时间、迁移原因、教育程度等内容，这些数据对于描述社会结构在城乡、职业、区域方面的宏观变化非常有用。

因为 2005 年 1% 人口抽样调查的分县资料代表性不足，因此在分析职业结构区域差异时只分析到 2000 年。

3. 主要研究指标介绍

前文已对人口普查的职业和职业结构作了介绍，接下来介绍行业。

第五次人口普查将国民经济行业分为 16 个门类：①农、林、牧、渔业；②采掘业；③制造业；④电力、煤气及水的生产和供应业；⑤建筑业；⑥地质勘查、水利管理业；⑦交通运输、仓储及邮电通信业；⑧批发和零售贸易、餐饮业；⑨金融保险业；⑩房地产业；⑪社会服务业；⑫卫生、体育和社会福利业；⑬教育、文化艺术及广播电影电视业；⑭科学研究和综合技术服务业；⑮国家机关、政党机关和社会团体；⑯其他行业。本书按三次产业分类法，将上述各行业分为三类，即第一产业：农业（即第一门类）；第二产业：工业和建筑业（即第二至第五门类）；第三产业：根据国家统计局 1985 年 10 月制定的标准，可分为四个层次，第一层次是流通部门（即第七门类和第八门类），第二层次是为生产和生活服务的部门（第六门类及第九至第十一门类），第三层次是为提高科学文化水平和居民素质服务的部门（第十二至第十四门类），第四层次是为社会公共需要服务的部门（第十五门类和第十六门类）。具体情况见表 1 – 5。

表 1 – 5　1982 年、1990 年、2000 年中国人口普查有关产业、行业划分及其对应关系

产业类别		行　业		
		1982 年	1990 年	2000 年
第一产业		农、牧、林、渔业	农、林、牧、渔、水利业	农、林、牧、渔业
第二产业		矿业及木材采运业	工业	采掘业
		制造业		制造业
		电力、煤气、自来水的生产和供应业	—	电力、煤气及水的生产和供应业
		建筑业	建筑业	建筑业
第三产业	第一层次（流通部门）	交通运输、邮电通信业	交通运输、邮电通信业	交通运输、仓储及邮电通信业
		商业、饮食业、物资供销及仓储业	商业、公共饮食业、物资供销和仓储业	批发和零售贸易、餐饮业
	第二层次（为生产和生活服务的部门）	地质勘探和普查业	地质普查和勘探业	地质勘查、水利管理业
		金融保险业	金融保险业	金融保险业
		住宅管理、公用事业管理和居民服务业	房地产管理、公用事业、居民服务和咨询业	房地产业
				社会服务业
	第三层次（为提高科学文化水平和居民素质服务的部门）	卫生、体育和社会福利业	卫生、体育和社会福利业	卫生、体育和社会福利业
		教育、文化艺术业	教育、文化和广播电视业	教育、文化艺术及广播电影电视业
		科学研究和综合技术服务业	科学研究和综合技术服务业	科学研究和综合技术服务业
	第四层次（为社会公共需要服务的部门）	国家机关、政党和群众团体	国家机关、政党机关和社会团体	国家机关、政党机关和社会团体

第二章 1982～2000年中国
职业结构时空变迁

改革开放以来，中国社会结构发生了巨大的变化。那么，中国人口职业结构的空间格局产生了什么样的变化？职业结构是社会结构的重要组成部分，空间结构是社会结构的区域分布，分析这个问题就是在区域上刻画中国30年来社会结构的变化。本章以各市辖区、市辖县为分析单位，尝试对中国人口职业结构空间变化进行刻画，以形成中国职业结构分布和变化的全景。

第一节　改革开放以来中国职业结构变迁

"社会发展"课题组把社会结构从一种制度化的状态向另一种制度化的状态的变化称为社会结构的变迁。一个完整的社会结构的变迁过程大致是这样的：在旧社会解体时期，社会处于急剧分化状态，各种新社会要素不断地产生出来，旧的规范和制度越来越不适用，不同社会要素之间开始以某些方式发生联系，但它们之间的结合还很脆弱而且具有过渡性。在新社会发育时期，分化仍在进行，但已具有一定的方向性或选择性，不同要素之间的某些联系渐渐地趋于稳定。在新社会成熟时期，分化现象开始减少，旧的不再适用的规范和制度已经消失，新的规范和制度已经形成，不同要素之间的联结方式或互动关系已基本上稳定下来，社会基本上处于整合状态。于是，社会结构变迁的过程就大致上完成了，而社会则进化到一个更高阶段[1]。

一 中国职业结构变迁的特征

社会结构的变迁体现在许多方面，如人口结构、职业结构、城乡结构和阶层结构等，这些均是社会结构变迁的重要领域。职业结构指一定社会范围内，人们所从事的职业类型、比例及分布状况。它受生产发展水平及人民生活水平的制约。例如，随着科学技术的发展及生产工具的改进，从事第一产业和第二产业的人员逐渐减少，而从事第三产业的人员逐渐增多。随着信息技术的发展，从事新兴服务业（信息、咨询等）的人员在从事第三产业的人员总数中的比例逐年提高。

中国自1978年改革开放以来，工业化、城市化、市场化进程加快，经济持续以两位数增长。经济发展推动了职业结构变化（见表2-1和图2-1）。

---

[1] "社会发展"课题组：《当代中国社会结构的变迁》，《管理世界》1991年第1期。

表 2 - 1　1982 ~ 2005 年中国各主要职业群体结构的百分比变化

年份	数量和占比	国家机关、党群组织、企业事业单位负责人（Ⅰ类）	专业技术人员（Ⅱ类）	办事人员和有关人员（Ⅲ类）	商业、服务业人员（Ⅳ类）
2005	数量（人）	14176800	69943700	34112000	112168700
	占比（%）	1.53	7.53	3.67	12.08
2000	数量（人）	11157230	38141750	20710480	61369670
	占比（%）	1.67	5.70	3.10	9.18
1990	数量（人）	11303115	34325148	11254803	34879018
	占比（%）	1.75	5.32	1.74	5.40
1982	数量（人）	7954887	27426466	6590988	20445208
	占比（%）	1.53	5.27	1.27	3.93

年份	数量和占比	生产、运输设备操作人员及有关人员（Ⅴ类）	农、林、牧、渔、水利业生产人员（Ⅵ类）	不便分类的其他从业人员（Ⅶ类）	合计
2005	数量（人）	165241200	530623500	2475100	928741000
	占比（%）	17.79	57.13	0.27	100.00
2000	数量（人）	105849620	431077410	442730	668748890
	占比（%）	15.83	64.46	0.07	100.00
1990	数量（人）	97929639	455602496	317599	645611818
	占比（%）	15.17	70.57	0.05	100.00
1982	数量（人）	82056260	375295574	539583	520308966
	占比（%）	15.77	72.13	0.10	100.00

　　资料来源：1982 年、1990 年全国人口普查汇总数据；根据 2000 年全国人口普查长表数据推算；根据 2005 年全国 1% 人口抽样调查数据推算。

1. 职业结构以农为主

从结构上看，改革开放以来，农业人口比例减少了 15

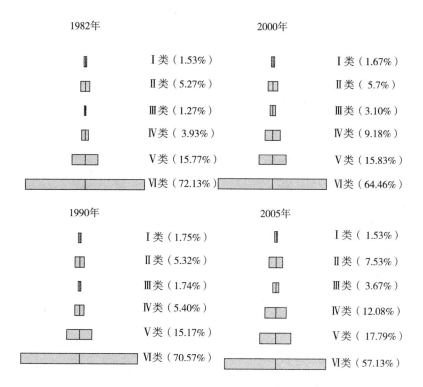

图 2-1 1982～2005 年中国职业结构

个百分点。但是从绝对数量看，从事农、林、牧、渔、水利业生产的人口出现了大幅度增长，从 375295574 人增长至 530623500 人，增幅达 41.39%。这主要是人口增长造成的，尽管有数亿人口流向了非农产业，但我国还是有庞大的农业人口。实际上，这已经是非常了不起的成就，如果没有改革开放，人口增长带来的新生就业人口就会全部沉淀在农业，农业从业人口的职业结构比例会更高。

2. 职业结构以物质生产为主

自 1982 年以来，中国社会一直存在一个庞大的农业职业"底层",这个职业阶层没有出现根本的变化。如果再加上生产、运输设备操作人员及有关人员组成的职业阶层,中国便是典型的物质生产主导型职业结构,即工农生产类职业占绝对多数。这个二元职业结构甚至在改革开放后也没有出现大的变化。1982 年农、林、牧、渔、水利业生产人员和生产、运输设备操作人员及有关人员两类占从业人口的87.90%,2005 年的比例为74.92%,虽然发生了很大变化,但其在职业结构中的主导地位没有变。

3. 职业结构分化

除了产业分布的变化外,随着产业结构的升级和高端产业的出现,在同一产业内部,职业结构也出现了高级化。在所有非农职业中,除了国家机关、党群组织、企业事业单位负责人外,其他职业人口的比例都出现了不同程度的上升。商业、服务业人员职业比例的上升幅度是最大的,其次是办事人员等。相比 1982 年,1990 年商业、服务业人员的变化并不明显,但到了 2000 年,商业和服务业的就业比例显著上升,增加了近 4 个百分点,2005 年又增加了近 3 个百分点。专业技术人员和办事人员的比例稳定上升,2005 年相比 1982 年分别增加了 2.26 个百分点和 2 个百分点。由于这些职业内部次级类型较多,增加的从业人口分化到各次级结构中,形成了中国社会职业结构的分化。

二 中国职业结构变迁的趋势

1. 职业结构现代化

关于现代化的社会阶层结构,学术界有一种比较形象的说法，即两头小中间大的"纺锤型"（或"橄榄型"），它有较大规模的社会中间层（即中等收入者）。与现代社会阶层结构相反的是传统社会阶层结构，即顶尖底宽的"金字塔型"结构，在这种结构中，极少数人居于社会的上层，而绝大部分人则处于社会的下层。实践表明，在社会中间层规模大的社会，社会资源的配置一般都比较合理，分配差距比较小，社会各阶层的利益矛盾和冲突一般都不会很大，这样的社会是最稳定、最可持续发展的。

图 2-1 表明，1982～2005 年，中国的职业结构呈现合理化的趋势。1982～2005 年，中国社会的职业结构依然是"金字塔型"，但已经在向我们期望的"纺锤型"转变。农、林、牧、渔、水利业从业人员占全部从业人口的比例，1982 年为 72.13%，1990 年为 70.57%，2000 年为 64.46%，2005 年为 57.13%，巨大的底层在不断地缩小。与此同时，生产、运输设备操作人员及有关人员，商业、服务业人员，办事人员和有关人员，专业技术人员的比例却在不断上升。1982～2005 年，生产、运输设备操作人员及有关人员的从业比例从 15.77% 上升到 17.79%，商业、服务业人员的从业比例从 3.93% 上升到 12.08%，办事人员和有关人员的从业比例从 1.27% 上升到 3.67%，专业技术人员的从业比例从 5.27% 上升到 7.53%，社会结构的中间层在逐步"鼓"起来。

2. 职业结构高级化

中国职业结构合理化的同时也正体现了职业结构的高级化。职业结构变迁有一定的规律，是一个不以社会成员的个人意志为转移的社会变迁过程。在社会现代化的过程中，职业结构是一个动态的不断高级化的过程。正是较高层级职业的增加，为越来越多的社会成员提供了向上流动的机会①。在业人口职业结构高级化一方面体现为非农化，另一方面体现为"白领化"。在国际上，通常将国家机关、党群组织、企业事业单位负责人，专业技术人员，办事人员和有关人员，商业、服务业人员归入白领阶层；将生产、运输设备操作人员及有关人员和农、林、牧、渔、水利业生产人员归入蓝领阶层。按照这样的分类，从图 2 - 1 可以看出，1982 ~ 2005 年，大量的人口流动到更高级的职业层面。1982 年中国蓝领阶层占从业人口 88% 的绝对数量，2005 年为 74.92%，比例显然小了很多。更多的人口从事了白领职业。2005 年与 1982 年相比，专业技术人员从业比例增长了 2.26%，办事人员和有关人员从业比例增长了 2.4%，商业、服务业人员从业比例增长了 8.15%。虽然国家机关、党群组织、企业事业单位负责人的比例在上升后又滑落，考虑到近 20 多年中国人口的大规模增长，绝对数量达数千万的人口流动到了社会职业的最高层。

3. 社会流动加速化

著名社会学家布劳（P. Blau）指出："不管引起变化的条件是什么，在大多数结构变迁形式中，社会流动过程是一个基本要素。"② 索罗金（Sorokin）提出了两种基本的社会

---

① "当代中国社会结构变迁研究"课题组：《2000 ~ 2005 年：我国职业结构和社会阶层结构变迁》，《统计研究》2008 年第 2 期。

② 〔美〕布劳：《不平等和异质性》，王春光、谢圣赞译，中国社会科学出版社，1991，第 12 页。

流动类型：垂直流动和水平流动。所谓垂直流动指的是在社会分层体系中个人跨越等级界限的位置移动，根据移动的方向，又可进一步分为向上流动和向下流动。他认为，社会流动与社会发展之间存在一种正相关关系，即社会越发展，社会流动率越高[1]。如图 2－1 所示，中国社会职业结构变迁呈现出不断加速的趋势。1982～1990 年，中国社会职业结构的变化在各个职业阶层都是比较缓慢的，每个阶层的变化都没有超过 1.6 个百分点。1990～2000 年职业结构的变化开始加速，商业、服务业人员从业比例大幅增加，农、林、牧、渔、水利业生产人员从业比例大幅减少，从业比例的变化超过了 5 个百分点。2000～2005 年，变化最快的农、林、牧、渔、水利业生产人员从业比例下降了 7.33 个百分点。按照这样的变迁速度，中国有望较早向以中间阶层为主体的社会结构转变。李强认为，形成一个以中等收入群体为主体的社会结构还需要约 33 年[2]。

总体上看，中国社会结构正在向稳定的中产阶级社会迈进，但收入差距和阶层分化等方面的问题依然不容忽视，中国社会结构的变化和我们预期的共同富裕还存在很大的反差，为什么以职业结构为代表的中国社会结构会出现如此大的偏差，我们需要从中国社会变迁的机制方面加以解释。

---

① Sorokin, Pitirim A. , *Social Mobility* , New York：Harper, 1927.

② 李强：《怎样看待我国社会分层的新变化?》，中国社会学网：http://news. 163. com/07/0903/08/3NF1D3EA000121EP_ 4. html，最后访问日期：2012 年 8 月 29 日。

第二节　全国职业结构聚类分析与
职业结构类型空间分布

一　职业结构聚类分析方法与结果

笔者运用 1982 年、1990 年、2000 年人口普查全国分县职业结构数据，在计算出各种职业人口占在业人口的百分比的基础上，对全国各县的职业结构进行聚类分析（由于"不便分类的其他从业人员"占在业人口的比例很小，所以在聚类分析中没有包括这个职业类别）。笔者通过 SPSS 统计软件进行 K‑聚类分析，将全国各市辖区、市辖县分为 5 个职业结构类型（见表 2－2）①。

这 5 个职业结构类型可概括为：I 类，农民占绝对优势，农民占在业人口的比例大于 85%；II 类，农民占主导优势，农民占在业人口的比例大于 69%；III 类，农民占相对优势②，农民占在业人口的比例大于 47%；IV 类，工农混合；V 类，非农职业为主的综合型③。

---

① 之所以分为 5 个职业结构类型，主要是因为对全国 2000 多个县市进行职业结构聚类分析，分成 6 类或 4 类的结果均不是很理想，所以分为 5 类。
② 2000 年 III 类职业结构的农民所占比例为 47.79%，之所以仍将其称为"农民占相对优势"，主要是为了便于与 1982 年、1990 年进行比较。
③ 这里沿用了李若建教授在《广东省在业人口职业结构时空变迁及人口流动过程中的职业流动》（《市场与人口分析》2004 年第 1 期）一文中对职业结构类型的概括，但略有不同。

表 2-2 1982 年、1990 年和 2000 年全国各县（市）职业结构聚类中心值

单位：%

2000 年	I 类	II 类	III 类	IV 类	V 类
党企负责人比例	0.86	1.53	2.53	2.59	4.42
专业技术人员比例	3.63	5.45	8.14	6.94	13.53
办事人员和有关人员比例	1.37	2.51	4.5	4.74	9.05
商业、服务业人员比例	3.91	8.01	13.11	16.43	22.65
工人比例	4.77	13.04	23.71	46.70	32.82
农民比例	85.41	69.39	47.79	22.51	17.39
1990 年	I 类	II 类	III 类	IV 类	V 类
党企负责人比例	0.90	1.55	2.53	3.69	5.42
专业技术人员比例	3.31	5.32	7.26	9.63	13.62
办事人员和有关人员比例	0.91	1.63	2.61	3.85	5.50
商业、服务业人员比例	2.20	4.55	7.43	11.51	15.25
工人比例	4.42	11.61	22.25	35.39	46.28
农民比例	88.25	75.31	57.81	35.80	13.67
1982 年	I 类	II 类	III 类	V 类	IV 类
党企负责人比例	0.94	1.61	2.45	3.94	5.01
专业技术人员比例	3.48	5.64	8.11	9.82	12.12
办事人员和有关人员比例	0.79	1.35	2.17	3.73	4.52
商业、服务业人员比例	1.78	3.59	5.88	9.93	12.40
工人比例	4.94	13.95	25.50	41.35	51.98
农民比例	88.04	73.79	55.70	31.01	13.65

资料来源：根据 1982 年、1990 年及 2000 年全国人口普查分县数据计算。

从各种职业结构类型的规模来看（见表 2-3），自改革开放以来，虽然各职业结构类型的频数有了一定变化，但我国绝大多数县（市）的职业结构仍然是 I 类。1982 年职业结构 I 类县区占总数的 55.47%，1990 年为 49.87%，2000年为 51.26%。分省（自治区、直辖市）来看，1982 年 I 类

表 2 - 3 1982 年,1990 年与 2000 年中国各省(自治区、直辖市)五个职业结构类型的县(市)频数变化

单位:个

省份	1982年						1990年						2000年					
职业结构类型	I类	II类	III类	IV类	V类	合计	I类	II类	III类	IV类	V类	合计	I类	II类	III类	IV类	V类	合计
安徽	49	20	1	4	4	78	41	27	2	4	4	78	33	34	4	1	6	78
北京	0	0	5	1	0	6	0	0	3	1	2	6	0	1	3	0	2	6
福建	12	39	12	2	1	66	6	39	16	2	5	68	3	37	18	7	3	68
甘肃	52	16	4	2	3	77	54	18	2	2	4	80	59	13	6	1	2	81
广东	45	24	12	5	4	90	23	37	15	7	10	92	17	40	19	12	10	98
广西	76	6	2	2	2	88	77	4	2	2	3	88	73	11	2	0	4	90
贵州	68	9	0	0	2	79	70	6	1	1	1	79	69	8	1	0	1	79
海南	9	8	0	0	1	18	2	13	3	1	0	19	7	11	0	0	1	19
河北	111	26	2	9	0	148	104	31	5	9	0	149	85	46	9	1	8	149
河南	102	9	0	1	13	125	93	18	2	5	9	127	94	18	5	0	10	127
黑龙江	0	26	35	9	8	78	8	26	26	13	6	79	27	32	6	3	11	79
湖北	45	24	1	3	3	76	30	37	2	6	1	76	36	33	6	0	4	79
湖南	66	20	3	5	4	98	68	16	10	4	2	100	69	21	5	0	6	101
吉林	1	21	14	5	3	44	4	18	13	6	4	45	14	15	12	1	7	49
江苏	17	27	20	10	1	75	15	20	16	11	13	75	12	28	12	13	12	77
江西	28	49	3	2	4	86	28	46	7	3	2	86	28	49	4	0	5	86

续表

省份＼职业结构类型	1982年 I类	II类	III类	IV类	V类	合计	1990年 I类	II类	III类	IV类	V类	合计	2000年 I类	II类	III类	IV类	V类	合计
辽宁	2	21	20	13	1	57	5	24	12	13	4	58	18	21	5	3	11	58
内蒙古	37	19	17	8	6	87	26	29	12	12	10	89	33	28	12	1	15	89
宁夏	12	4	0	0	2	18	10	8	0	1	1	20	7	10	1	1	1	20
青海	17	17	3	2	0	39	16	15	6	2	1	39	29	7	2	0	2	40
山东	67	22	11	1	7	108	70	22	9	2	6	108	57	35	12	1	4	109
山西	57	35	8	3	1	104	32	52	14	4	4	104	32	47	21	3	4	107
陕西	66	23	4	1	2	96	65	23	5	1	2	96	65	25	4	0	2	96
上海	0	0	2	1	1	4	0	0	0	3	1	4	0	1	0	2	1	4
四川	114	30	7	0	5	156	106	40	6	0	3	156	115	36	5	0	2	158
天津	0	0	4	1	0	5	0	3	1	1	0	5	0	3	1	0	1	5
西藏	55	13	2	1	0	71	54	15	2	1	0	71	62	8	2	0	1	73
新疆	21	33	27	2	4	87	21	38	19	2	7	87	31	33	16	1	6	87
云南	112	9	2	0	2	125	99	17	4	0	3	123	100	20	3	0	1	124
浙江	1	38	21	1	7	68	2	19	33	4	16	68	1	18	21	28	6	74
重庆	25	1	1	0	0	27	24	2	1	0	0	27	22	4	1	0	0	27
总计	1267	589	243	94	91	2284	1153	663	249	123	124	2312	1198	693	218	79	149	2337
数据缺失县（市）数	—	—	—	—	—	53	—	—	—	—	—	25	—	—	—	—	—	0

县区为 50% 及以上的是甘肃、广西、贵州、河北、河南、湖南、山东、山西、陕西、四川、西藏、云南，1990 年减少了山西，其中海南下降速度最快，比例由 50% 下降至 10.53%；2000 年减少了安徽。非农职业结构（Ⅳ 类和 Ⅴ 类）发展较快的县、区主要集中在福建、广东、内蒙古、山东、山西、浙江、江苏。Ⅰ 类职业结构反向增加的主要是黑龙江、吉林、辽宁等素有"黑土地"之称的东北三省，分别从 1982 年的 0%、2.27%、3.51% 增长为 2000 年的 34.18%、28.57%、31.03%。属于现代型职业结构的有北京、上海和天津三个直辖市，其职业结构一直是高端化的。

二 职业结构类型空间分布变迁

从省份来看职业结构类型分布，得出的结果是各省份变化不大，但是我国幅员辽阔，省内差异也很显著，如果单从省份来看我国职业结构类型变迁，无法详尽描述。接下来具体看一下全国分县市各种职业结构类型的时空分布（见图 2 - 2、图 2 - 3 和图 2 - 4）。

1982 ~ 2000 年，职业结构类型的空间分布变化呈现以下几个特征：

第一，东部地区县（市）的农民比例比中、西部地区小，Ⅰ 类和 Ⅱ 类的分布界线为"瑷珲—腾冲线"①。如前所述，

---

① "瑷珲—腾冲线"，亦称"黑河—腾冲线"或"胡焕庸线"，是地理学、人口学概念，这条线从黑龙江省瑷珲（1956 年改称爱珲，1983 年改称黑河市）到云南省腾冲，大致为倾斜 45 度基本直线。

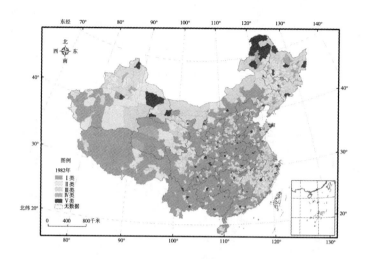

图 2 - 2　1982 年中国职业结构类型分布

注：除特别注明以外，本书当中的地图，均系按照从国家测绘地理信息局国家基础地理信息中心网站下载的底图制作而成。

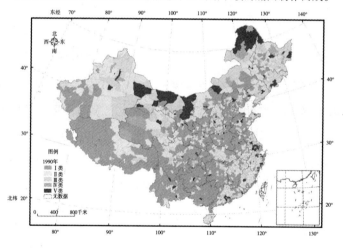

图 2 - 3　1990 年中国职业结构类型分布

I 类职业结构农民占 85% 以上，非农职业人口占极少数，II 类职业结构农民也占大多数，但比例较低。中国传统上有"瑷珲—腾冲线"的划分，该线的东南区域是中国人口的主要聚

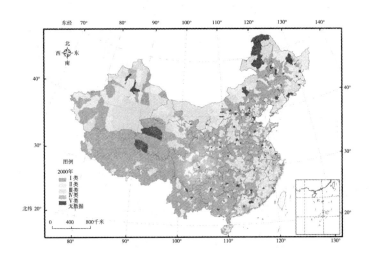

图 2 - 4　2000 年中国职业结构类型分布

集区。而 I 类、II 类职业结构的分布遵循此线：I 类职业结构主要分布在该线以西地区，即中、西部县市；II 类职业结构主要分布在该线东部县市，主要在广东、华东地区六省一市和东北三省。1982 ~ 1990 年，这个特征在全国范围内变化不大；至 2000 年，变化最大的地区是东北三省：1982 年和 1990 年，东北三省的大多数县市还以 II 类职业结构为主，2000 年则以 I 类职业结构为主。这主要是因为东北地区严重的下岗分流现象使在业人口减少，进而使农民比例上升，因此，II 类职业结构在 2000 年的分布密集区主要在广东、华东地区六省一市，从山东半岛至广东西翼地区可以画一条与"瑷珲—腾冲线"相平行的直线，可将其称为"东南沿海线"。

　　第二，III 类职业结构属于农民略占优势，工人已有一定比例的类型。可以看出，自 1982 ~ 2000 年，这类职业结构在全国均有分布，但分布的地区面积增大，县市增多。变化最大的地区仍是东北地区：1982 年与 1990 年，III 类职业结构密集地分布在东北外围县市，但是至 2000 年，东北外围县市的职业结构大多属于 II 类。

第三，IV 类职业结构属于工人已有一定优势的类型。1982 年与 1990 年，主要分布在省会城市与资源密集型城市，而到了 2000 年，则极大程度地向广东、福建以及长三角地区集中。

第四，V 类职业结构为非农综合。1982 年与 1990 年分布较一致，主要分布在原来的社会经济发展较好的县（市辖区），而 2000 年许多市辖区的职业结构为 V 类。

由以上分析可知，1982 年与 1990 年的职业结构类型分布较一致，但是较无规律；而 2000 年职业结构类型的分布较有规律，可以明显地看出国家政策调控的影响。2000 年职业结构类型的分布特征如下：

I 类主要分布在中西部，在东部沿海地区几乎没有分布。I 类除少数地级市辖区，如安徽的亳州市、宿州市，广西的贵港、钦州市，贵州的六盘水市，河南商丘，山东菏泽市，四川巴中、广安、眉山、遂宁和资阳市，其余 577 个均为县级市；II 类有 45 个市辖区，198 个市辖县。

III 类分布：此类职业结构属于农民比例仍占相对优势，但工业已有一定发展。这在全国各省份均有一定数量的分布。

IV 类分布：除少数内陆县市外，如淮北市、唐山市、鹤岗市、七台河市、双鸭山市、江源县、鞍山市、本溪市、铁法市、乌海市、石嘴山市、淄博市、古交市、介休市、和布克赛尔蒙古自治县和阳泉市等城市，绝大部分分布在福建闽南金三角、广东珠江三角洲以及长江三角洲地区（上海、江苏、浙江等地），其中包含了众多全国百强县。

Ⅴ类分布：除几个较为发达的县级市以外，这类职业结构星罗棋布地散落在全国的市辖区。

由这五个职业类型的分布情况，可以得出这样一个整体的分布规律：沿海地区职业结构类型较高级，Ⅳ类职业结构类型主要分布在沿海地区；东部以及中部的许多地区形成了以市辖区为中心的职业结构类型，呈Ⅴ类→Ⅲ类→Ⅱ类或者Ⅴ类→Ⅲ类→Ⅰ类分布的格局（见图2-5）。

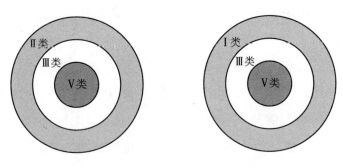

图2-5　职业结构类型分布格局

将Ⅰ类、Ⅱ类、Ⅲ类、Ⅳ类、Ⅴ类职业结构视为职业结构类型由低端向高级的一个排序，那么1982～2000年中国职业结构类型变化的空间分布如图2-6所示。

三　小结

由职业结构类型的空间分布变化可以看出，改革开放以来东部沿海地区、省会城市和地级市辖区对职业结构变迁发挥了"极化"作用。五个职业结构类型在三个年份的分布特征如表2-4所示。

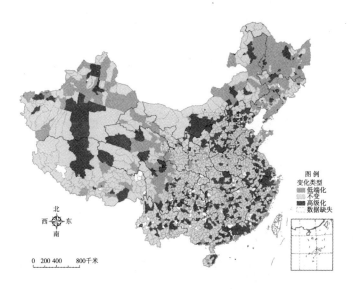

图例
变化类型
▨ 低端化
▨ 不变
▨ 高级化
▨ 数据缺失

北
西 ✦ 东
南

0 200 400   800千米

图 2 - 6　1982～2000 年中国职业结构类型
变化空间分布

表 2 - 4　1982 年、1990 年与 2000 年职业结构
类型空间分布特征*"

类型	1982 年、1990 年	2000 年
I 类	中部、西部	中部、西部、东北
II 类	东部、东北	东部
III 类	全国各省份均有分布	全国各省份均有分布
IV 类	省会城市、资源密集型城市	除少数内陆县市外,绝大部分分布在福建闽南金三角、广东珠江三角洲以及长江三角洲地区
V 类	历史上社会经济较为发达的县(市辖区)	少数为历史上社会经济较为发达的县,绝大多数为市辖区

　　*因为分析单位有 2337 个县（市辖区），所以无法细致地描述每个县的
分布变化，此处只进行总体特征变化的总结。

第三节　全国各职业人口集中指数分布

一　集中指数概述

为了进一步考察各职业与各行业人口的分布情况，笔者采用集中指数进行分析。集中指数有多种表示方法，笔者所使用的集中指数有以下三种。

1. 罗伦兹曲线[①]

罗伦兹（Lorenz）是美国经济统计学家。20 世纪 20 年代，随着生产力的发展，提出了对集中化过程进行数量分析的客观要求，罗伦兹即时创立了罗伦兹曲线的分析方法。这种方法在当时被广泛应用，例如，它可表示贸易的专业化程度、人口分布的集中程度、地区工业集中化程度及商业中心分布的密集程度等。其做法是绘制一正方形，正方形的水平轴与垂直轴都为累积百分率，对角线表示沿两种分布之间是完全相对应的，有相同的百分率和累积率。曲线离开对角线的远近是两种分布的差异的测度。对角线代表均匀分布；曲线离对角线越远，说明分布越集中。

2. 人口集中指数

在从总体上分析人口空间分布集中或分散的程度及其变动趋势方面，人口集中指数（Index of Population Concentration）是被广泛使用的指标之一。人口集中指数评价指标计算公式如下：

---

① 王洪芬：《计量地理学概论》，山东教育出版社，2001，第 44～45 页。

$$\Delta P = \frac{1}{2} \sum_{i=1}^{n} \left| \frac{P_i}{P} - \frac{S_i}{S} \right| \tag{2-1}$$

式 2-1 中，P_i、S_i 分别为 i 省的人口数量和面积，P、S 分别为全国总人口和总面积；n 为省数；人口集中指数 ΔP 的数值为 0～1，ΔP 越大，说明人口的区域分布越集中；趋于 1 时，说明人口分布几乎集中分布于某一"点"。反之，ΔP 越小，说明人口的区域分布越分散；趋向于 0 时，说明人口几乎均匀分布于各地区[①]。

此处用于分析全国职业人口的集中指数评价指标计算公式如下：

$$\Delta P = \frac{1}{2} \sum_{i=1}^{n} \left| \frac{p_{ij}}{p_i} - \frac{P_j}{P} \right| \tag{2-2}$$

式 2-2 中，p_{ij}、P_j 分别为 j 省（县）的 i 职业人口数量和人口总量，p_i、P 分别为全国 i 职业人口数量和人口总量。

3. 就业区位商

在分布领域内部，为了测量特定的分布现象在各区域的分布情况，可采用下述公式：

$$R = \frac{p_{ij}/p_j}{P_i/P} \times 100 \tag{2-3}$$

其中 R 代表就业区位商（笔者将其称为集中指数）。笔者主要研究职业。p_j 代表 j 地区所有在业人口数，p_{ij} 代表 j 地区 i 职业人口数，P_i 表示全国 i 职业人口数，P 表示全国在业人口。

---

① 陈楠、林宗坚、王钦敏：《人口经济学中的 GIS 与定量分析方法》，科学出版社，2007，第 75 页。

在式2-3中，分母代表全国平均水平，分子代表各地区水平，比例 R 事实上就是地区水平与全国平均水平的比较。R 值若等于100，表示地区水平与全国平均水平持平；R 值若大于100，表示地区水平高于全国平均水平，R 值越大，代表地区水平越高，j 地区 i 职业人口占在业人口的比例也越高；R 值若小于100，表示地区水平低于全国平均水平。之所以使用这一指数，一是为了比较地区水平和全国平均水平，二是避免在直接使用比例过程中因为比例过小而难以将比例分段。

此集中指数在本书中应用较多。笔者在由此公式计算出全国各指标集中指数的基础上，再根据全国分县地图，将其绘制在地图上，得出了各指标集中指数分布图。

二 各职业人口集中指数空间分布变化

1. 农民集中指数分布

由上文的分析可知，自改革开放以来，我国内陆地区的大部分县市职业结构类型变迁缓慢，至2000年，大部分县级市地区的农民比例仍占到了70%以上。

由图2-7、图2-8和图2-9可以看出，省会城市、地级市辖区等城市化程度较高的地区和东部沿海工业化程度较高的地区农业人口集中指数较低，此外，全国绝大多数县级市的农业人口集中指数均比较高。除东北部分县市农业人口比例较高外（东北素有"黑土地"之称，是我国主要的粮食生产基地之一），各县市农业人口比例自东向西递增；农业人口比例最高的基本出现在中、西部民族自治县。还有一个比较明显的规律是各省份边界附近农业人口集中指数最高。

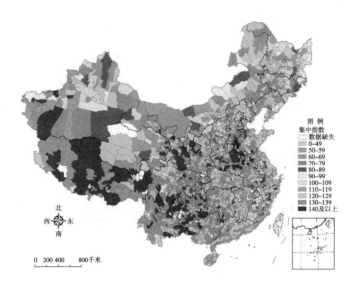

**图 2 - 7　2000 年农、林、牧、渔、水利业生产人员
集中指数空间分布**

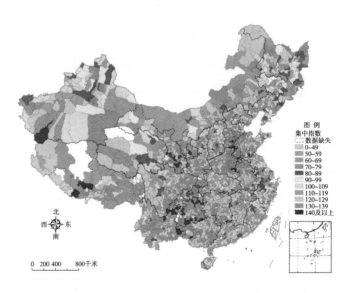

**图 2 - 8　1990 年农、林、牧、渔、水利业生产人员
集中指数空间分布**

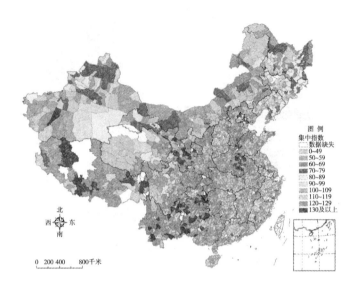

**图2-9　1982年农、林、牧、渔、水利业生产人员
集中指数空间分布**

　　形成这种分布现象的原因主要是：①改革开放以来我国
采取了"东部优先发展战略"；②东部地区有优良的发展条
件，城市化进程快；③民族地区较容易保持传统的农牧社会
生活习惯；④我国地形复杂，省界的划分通常以山、河为
界，如云南与四川之间横亘着横断山脉，四川与陕西、甘肃
之间隔着大巴山和秦岭，山脉由于自身地势高低不平，不容
易发展集约型作业，只能进行小型的农业生产，这些地方农
业就业人数占的比例很大，而产品商品化占的比例很小，大
多数产品用于自给自足消费，因此经济也较不发达。

　　2. 工业人口集中指数分布

　　从工业人口集中指数空间分布来看（见图2-10和图
2-11），1982年与1990年，集中指数高于250的县市大部

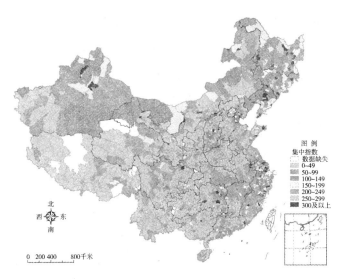

图 2-10 1982 年工业人口集中指数空间分布

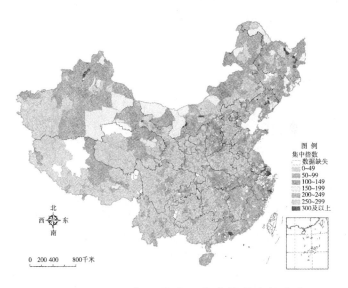

图 2-11 1990 年工业人口集中指数空间分布

分属于东北部、中部以及西部省份。这些县市"靠山吃山、靠海吃海",形成的资源密集型工业在改革开放初期尚有优势。例如，安徽马鞍山的钢铁工业，黑龙江鸡西、鹤岗和内蒙古满洲里的煤炭能源工业，新疆的克拉玛依油田……这些地区的资源密集型工业必然吸纳大量的工业人口，从而使当地的工业人口比例高于全国其他地区。

而到了 2000 年（见图 2 - 12），工业人口集中指数在250 以上的 91 个县市中，有 67 个属于华东地区，分布在广东、福建、浙江、上海、江苏和山东 6 个沿海省份；其余24 个为内陆省份县市，除 4 个为县级市外，20 个为地级市辖区，并且是传统的资源密集型老工业基地，如马鞍山、嘉峪关、鞍山、本溪、包头、乌海、石嘴山、阳泉、克拉玛依等市辖区，并且这些县市的工业人口集中指数在这 91 个县市中按从高到低的顺序排在中后。

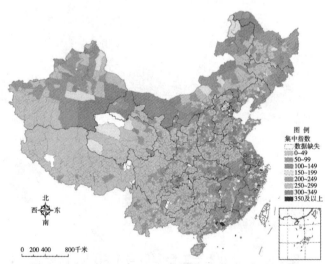

图 2 - 12　2000 年工业人口集中指数空间分布

之所以出现这种分布现象，主要是因为自改革开放以来，我们国家采用了"非平衡发展战略"，东部沿海地区要比内陆省份的发展来得快。随着对外开放程度的提高，规模经济、外部性和产业关联等因素必然成为推动东部地区集聚经济形成的主要力量①。东部地区的制造业的集聚程度尤其高，主要集中在珠三角地区、长三角地区、环渤海地区，大有"世界工厂"之势。制造业的空间集聚必然也带来制造业工人的空间集聚。2000年，全国共有制造业外来工人2335.3万人，广东占41.69%，浙江占10.20%，江苏占7.30%，山东占4.71%，福建占5.56%，上海占3.13%，这6个省份的制造业流动工人占到了全国的72.59%②。从工业人口比例变化幅度来看，东部地区增幅较大，而东北老工业基地下降幅度较小，2000年，辽宁的制造业流动工业人口占全国制造业流动工业人口的比例为2.47%③。

还有一个原因，即原来的资源丰富地区，由于长年累月进行资源开采，已由原来的资源富饶地区沦为资源枯竭地区。2009年，国务院确定了第二批资源枯竭城市名单。对于列入名单的城市（地区），中央财政将给予财力性转移支付资金支持。其中地级市9个：山东省枣庄市、湖北省黄石市、安徽省淮北市、安徽省铜陵市、黑龙江省七台河市、重庆市万盛区（当做地级市对待）、辽宁省抚顺市、陕西省铜川市、江西省景德镇市；县级市17个：贵州省铜仁地区万山特区、甘肃省玉门市、湖北省潜江市、河南省灵宝市、广西壮族自治区

---

① 王业强、魏后凯：《产业地理集中的时空特征分析——以中国28个两位数制造业为例》，《统计研究》2006年第6期。
② 根据全国第五次人口普查0.1%抽样数据推算。
③ 根据全国第五次人口普查0.1%抽样数据推算。

合山市、湖南省耒阳市、湖南省冷水江市、辽宁省北票市、吉林省舒兰市、四川省华蓥市、吉林省九台市、湖南省资兴市、湖北省钟祥市、山西省孝义市、黑龙江省五大连池市（森工）、内蒙古自治区阿尔山市（森工）、吉林省敦化市（森工）；市辖区 6 个：辽宁省葫芦岛市杨家杖子开发区、河北省承德市鹰手营子矿区、辽宁省葫芦岛市南票区、云南省昆明市东川区、辽宁省辽阳市弓长岭区、河北省张家口市下花园区①。首批资源枯竭城市名单有 12 个，于 2007 年公布。其中资源型城市经济转型试点城市有 5 个：阜新、伊春、辽源、白山、盘锦；西部地区典型资源枯竭城市有 3 个：石嘴山、白银、个旧（县级市）。中部地区典型资源枯竭城市有 3 个：焦作、萍乡、大冶（县级市）。典型资源枯竭地区有 1 个：大兴安岭。

3. 商业、服务业人员集中指数空间分布变化

商业、服务业人员指从事商业、餐饮、旅游、娱乐、运输、医疗辅助服务及社会和居民生活等服务工作的人员。

由图 2 - 13、图 2 - 14 和图 2 - 15 可以看出，1982 ~ 2000 年，全国各县市商业、服务业人员的集中指数空间分布格局变化并不大。总体来看，各省份均有一些商业、服务业人员集中指数较高的县市；东部沿海地区、东北、华北、西北以及内蒙古、新疆等地的商业、服务业人员集中指数较高。

---

① 资料来源：《国务院确定第二批 32 个资源枯竭城市》，腾讯财经：http：//finance. QQ. com，最后访问日期：2009 年 3 月 5 日。

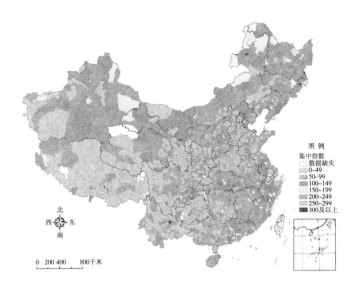

图 2-13　2000 年商业、服务业人员集中指数空间分布

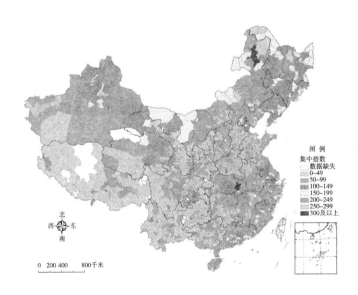

图 2-14　1990 年商业、服务业人员集中指数空间分布

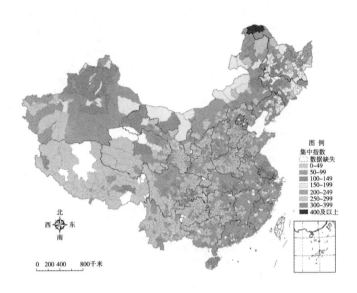

图 2 - 15 1982 年商业、服务业人员集中指数空间分布

　　这种变化不大的格局产生的原因主要是商业、服务业非常贴近人们的日常生活，它与第一产业、第二产业的发展水平紧密联系，同时与区域人口、劳动力数量息息相关。

　　虽然全国各县市商业、服务业人员的集中指数空间分布格局变化不大，但是大部分县市商业、服务业人员占在业人口比重均有一定程度的提高。商业、服务业是最能直接和间接吸纳剩余劳动力的产业。商业、服务业吸纳了大量流动人口就业，2000 年，商业、服务业人员吸引了外来务工人员 2092.8 万人。以广东为例，其外来商业、服务业人员占全国的16.27%，约有 340.6 万人；其次为江苏、浙江和四川三个省份，各占 5.80%、5.67%、5.08%；山东、湖北、北京、上海四个省份所占比例为 4%～5%；辽宁、湖南、河南、福建和云南的商业、服务业人员外来人口占全国的比例为 3%～4%。

另外，商业、服务业的发展存在城乡、区域发展不平衡的问题。首先是城乡发展不平衡，全国服务业经济总量中85%分布在城镇，而在广大的农村极其薄弱。其次是区域不平衡。一是从总量看，东、中、西部存在显著差异。东部地区（不包括广西）服务业经济总量占全国的60%以上，西部地区只占全国服务业经济总量的17%，中部地区为22.5%。二是存在明显的梯度差异。最发达的上海、北京、广州，工业化任务基本完成，产业结构已经演变为"三、二、一"格局。现代服务业的发展主要集中在最发达和发达两个梯度内，信息咨询服务业、公共设施服务业、房地产管理业、计算机应用服务业、房地产代理与经纪业五大新兴行业增长迅速。广大的欠发达和不发达地区除教育和旅游发展条件较好外，从整体看服务业发展层次较低，发展后劲不足。三是在发展速度上呈现不平衡。东部快于中西部，中部与西部相比，西部发展较快①。

其他职业人口的集中指数空间分布与2000年各行业人口的集中指数空间分布变化请参看本书附录。

第四节 典型区域分析——广东省在业人口职业结构时空变迁

广东省是中国改革开放的排头兵，它的职业结构变化最

---

① 郭怀英：《我国服务业面临的问题及对策》，《宏观经济研究》2003年第7期。

显著。从某种程度上可以讲，广东省职业结构的时空变迁代表了未来中国职业结构的时空变迁。广东省发展的不平衡性与整个中国类似，深圳、广州可与发达资本主义国家的城市媲美，粤北山区则还有国家级贫困县。可以说，广东发展的不平衡是中国地区发展不平衡的一个缩影。同时，广东省经济发展水平位于中国前列，这一经济水平上的职业结构与未来中国经济整体发展到这一水平的职业结构应该比较类似。因此，分析广东省职业结构在时空上变迁的特点和趋势，不只是能说明广东省社会结构的变化，还有助于把握中国社会未来职业结构的时空变迁。

笔者使用了广东省分县职业结构数据和 2005 年 1% 人口抽样调查数据，以各市辖区、市辖县为分析对象，分别描述了 1982 年、1990 年、2000 年和 2005 年的广东省职业结构，认为广东省职业结构呈现出合理化和高级化特征，从最初的"锥形"向"梯形"转变，职业结构中间层的人口比例越来越大。在各县职业结构特点聚类的基础上，笔者还结合了 GIS 分析技术，描述了五类职业结构分层特点在空间上的分布，使得广东省职业结构的空间变化更为直观。这种职业结构在空间上的变化，主要与经济发展水平相关，第二产业、流通部门、为生产和生活服务的部门的结构变化对于改善广东职业结构作用显著。

一　广东省职业结构的时间变迁

根据 1982 年、1990 年、2000 年全国人口普查职业结构数据和 2005 年人口抽样数据，笔者计算出广东省职业结构

的基本比例，将之用图直观地表达出来。如图 2-16（因为
Ⅶ类——不便分类的其他劳动者所占的比例很小，在广东省
第三、四、五次人口普查中所占的比例依次为 0.06%、
0.01% 和 0.15% ，故在作图时没有体现）所示，自改革开
放以来广东省的职业结构变迁呈现出以下两个趋势。

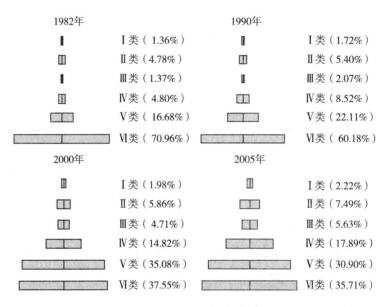

图 2-16　1982~2005 年广东省职业结构

注：Ⅰ类为国家机关、党群组织、企业事业单位负责人；Ⅱ类为
专业技术人员；Ⅲ类为办事人员和有关人员；Ⅳ类为商业、服务业人
员；Ⅴ类为生产、运输设备操作人员及有关人员；Ⅵ类为农、林、牧、
渔、水利业生产人员。下同。

资料来源：分别来自 1982 年、1990 年与 2000 年人口普查汇总数
据与 2005 年 1% 人口抽样调查资料。

1. 职业结构现代化

图 2-16 表明，1982~2005 年，广东省的职业结构呈
现合理化的趋势，由一种"倒丁字型"的社会结构向相对

稳定的"金字塔型"结构转变，社会结构趋于稳定①。变化幅度最大的莫过于农、林、牧、渔、水利业生产人员。1982～2005 年，农、林、牧、渔、水利业生产人员占在业人口的比例锐减了近一半，从 70.96% 下降到 35.71%；其次是生产、运输设备操作人员及有关人员。其所占在业人口的比例大幅增长，1982 年其所占的比例为 16.68%，1990 年为 22.11%，2000 年为 35.08%，2005 年下降为 30.90%，2005 年与 1982 年相比增长了近一倍。其他职业人口所占比例也有不同程度的持续增长：商业、服务业人员所占在业人口的比例 1982 年为 4.80%，1990 年为 8.52%，2000 年为 14.82%，2005 年为 17.89%，2005 年与 1982 年相比提高了 13.09%；办事人员和有关人员所占的比例 1982 年为 1.37%，2005 年为 5.63%，提高了 4.26%；专业技术人员所占的比例 2005 年与 1982 年相比提高了 2.71%；国家机关、党群组织、企业事业单位负责人所占的比例 2005 年与 1982 年相比提高了 0.86%。

2. 职业结构高级化

在业人口职业结构高级化一方面体现为非农化，另一方面体现为"白领化"。在国际上，通常将国家机关、党群组织、企业事业单位负责人，专业技术人员，办事人员和有关人员，

① 李强采用国际社会经济地位指数的方法分析"五普"数据，发现中国社会是"倒丁字型"的社会结构，造成该结构的主要原因是城乡的分隔。"倒丁字型"结构造成了持续的"社会结构紧张"，社会群体之间需求差异太大，社会交换难以进行。参见李强《"丁字型"社会结构与"结构紧张"》，《社会学研究》2005 年第 2 期。笔者未采用 ISCI（国际社会经济地位指数），因此未能与之比较，这里只是引用"倒丁字型"这一概念。

商业、服务业人员归入白领阶层；将生产、运输设备操作人员及有关人员和农、林、牧、渔、水利业生产人员归入蓝领阶层。按照这样的分类，我们可以看出，1982 年广东省的蓝领阶层所占在业人口的比例为 87.64%，1990 年为 82.29%，2000 年为 72.63%，2005 年为 66.61%，2005 年比 1982 年减少了 21.03%；1982 年广东省的白领阶层所占在业人口的比例为 12.31%，1990 年为 17.71%，2000 年为 27.37%，2005 年为 33.39%，2005 年比 1982 年提高了 21.08%。

3. 与全国职业结构变迁的比较（见表 2 – 5）

表 2 – 5 1982 年、1990 年、2000 年中国职业结构变化

单位：%

职　　业	1982 年	1990 年	2000 年
国家机关、党群组织、企业事业单位负责人	1.56	1.75	1.67
专业技术人员	5.07	5.31	5.70
办事人员和有关人员	1.30	1.74	3.10
商业、服务业人员	4.01	5.41	9.18
生产、运输设备操作人员及有关人员	15.99	15.16	15.83
农、林、牧、渔、水利业生产人员	71.98	70.58	64.46
不便分类的其他从业人员	0.09	0.04	0.07
总　　计	100.00	100.00	100.00

资料来源：根据全国第三、第四、第五次人口普查汇总数据计算。

李强认为，中国职业结构尽管在 1990~2000 年变迁速度加快，但整体上变化缓慢[1]。1982~2000 年基本处于一种

---

[1] 李强：《"丁字型"社会结构与"结构紧张"》，《社会学研究》2005 年第 2 期。

"倒丁字型"的结构状况，社会的中间层太小。由于中国的发展存在不平衡性，显然上述判断并不适用于广东省。广东省自改革开放以来职业结构就发生着显著的变化，各职业类别的在业人口比例大幅增减，社会中间层迅速成长，职业结构整体上较快地向"纺锤型"迈进。如果不独立进行分析，广东的巨变就被全国的渐变掩盖，大家可能会认为广东与全国的职业结构状况相差不大。广东省是中国改革开放的前沿阵地，它的社会发展有可能是中国未来社会发展的缩影。因此，它当前的职业结构特征有可能在不远的将来受到全国重视。

二 广东省职业结构的区域差异研究

改革开放以来，社会转型在空间上存在较大的差异，这种差异与地区经济发展不平衡密切相关。区位对于地区经济发展和社会结构变迁具有重要影响，虽然交通和电信技术的发展使得社会结构转型在更大的空间内全面展开，而不是由于地理障碍锁定在一定空间内，但是社会结构及其变迁仍然在空间分布上呈现出不同的特征。改革开放以来，广东省职业结构的区域格局发生了一系列重要的变化，分析这些变化及其过程，可以使我们从空间方面深化对广东省社会结构及其变迁的理解。

笔者运用 1982 年、1990 年、2000 年人口普查广东省分县职业结构数据，在计算出各种职业人口所占在业人口的百分比的基础上，对广东省各县的职业结构数据进行划分，即对广东省各地区的职业结构进行聚类分析（由于"不便分类的其他从业人员"占在业人口的比例很小，所以在聚类分析中没有包括这个职业类别）。通过 SPSS 统计软件进行

K－聚类分析，笔者将广东省各市辖区、市辖县分为 5 类
（见表2－6）。农业人口占从业人口的比例在 74% 以上的为 I
类，农业人口占 54% 以上的为 II 类，工业人口所占比例在
50%～60% 之间的为 III 类，工业人口与农业人口的比例对
等且两者之和大约为 80% 的为 IV 类，非农业人口所占的比
例达到了 75% 以上的为 V 类。

表 2－6　1982～2000 年广东省职业结构聚类中心值

单位：%

	职业类别	I 类	II 类	III 类	IV 类	V 类
1982年	国家机关、党群组织、企业事业单位负责人	0.94	1.14	4.37	1.8	4.5
	专业技术人员	3.67	4.34	10.06	5.75	10.77
	办事人员和有关人员	0.9	1.08	4.59	2.07	5.21
	商业、服务业人员	2.91	4.84	13.04	6.67	13.08
	农、林、牧、渔、水利业生产人员	83.93	71.3	10.54	56.65	24.37
	生产、运输设备操作人员及有关人员	7.62	17.26	57.25	26.95	41.91
1990年	国家机关、党群组织、企业事业单位负责人	1.1	1.42	4.23	1.75	3.87
	专业技术人员	3.8	4.67	11.92	5.23	11.45
	办事人员和有关人员	1.27	1.71	5.28	1.87	5.94
	商业、服务业人员	4.71	7.72	18.6	10.83	18.08
	农、林、牧、渔、水利业生产人员	80.8	66.93	9.9	42.13	22.58
	生产、运输设备操作人员及有关人员	8.31	17.55	50.04	38.19	38.05
2000年	国家机关、党群组织、企业事业单位负责人	1.01	1.59	2.77	1.84	3.56
	专业技术人员	4.46	6.2	5.37	5.37	11.42
	办事人员和有关人员	2.09	3.85	5.70	3.38	8.94
	商业、服务业人员	7.50	12.64	18.37	15.09	24.63
	农、林、牧、渔、水利业生产人员	74.78	54.18	8.69	37.22	12.23
	生产、运输设备操作人员及有关人员	10.14	21.52	59.10	37.06	39.22

资料来源：1982 年、1990 年和 2000 年人口普查分县资料。

笔者接下来运用 ArcGis 制图软件，制作了图 2 – 17、图 2 – 18 和图 2 – 19①。综观这三个图可以得出广东省职业结构变迁的总体趋势：1982 ~ 1990 年是广东省职业结构集聚阶段，初步形成了职业结构区位集聚状态。1990 ~ 2000 年是广东省的职业结构集聚与扩散复合的阶段。至 2000 年，广东省形成了以广州市辖区为中心的大致呈 Ⅴ 类→Ⅱ 类→Ⅰ 类和 Ⅴ 类→Ⅲ 类→Ⅳ 类→Ⅰ 类分布的职业结构类型发散格局。在总体特征之外应该注意以下两点：①1982 ~ 1990 年，虽然改革开放力度很大，广东省同时设立了深圳、珠海、汕头三个经济特区，这在全国绝无仅有，但是非农化与工业化的速度相当缓慢，1982 年与 1990 年的职业结构差别不大，这说

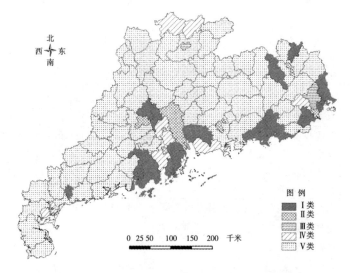

图 2 – 17　1982 年广东省分县职业结构类型

---

①　这三张图以 2000 年行政区划图为准，并将 1982 年、1990 年人口作了相应调整。

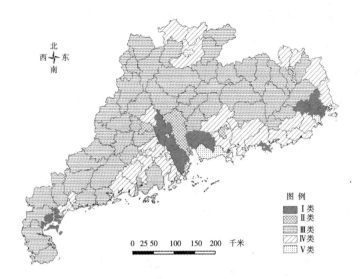

图 2 - 18   1990 年广东省分县职业结构类型

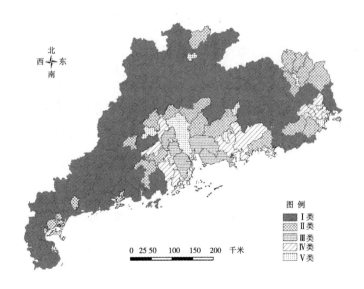

图 2 - 19   2000 年广东省分县职业结构类型

明了政策作用的滞后性①。②1990～2000 年，职业结构变化的速度加快，这主要体现在农业从业人员比例的大幅下降与工商业从业人员比例的上升。

以下重点考察几个典型区域的职业结构转变特征。

（1）广州市辖区。广州市辖区在 1982 年和 1990 年的职业结构为 II 类，农业从业人员占主导地位，工业次之；至 2000 年，其职业结构为 V 类，农业从业人员所占比重已下降到 12.91%，工业、商业从业人员比重分别为 39.1%、24.87%。

（2）深圳。深圳的职业结构实现了 IV 类→V 类→III 类的转变，职业结构类型看似并无高级化，但是深圳市的农业比重下降幅度相当大，由 1982 年的 54.11% 下降到 2000 年的 1.67%，这是因为深圳市已经完成了城市化，导致农业人口所占比例极小；同时工业化进程相当快，深圳市因制造业的发展而起飞，2000 年深圳市制造业从业人员比例已达 64.05%。

（3）东莞。东莞的发展也是一个典型代表，它在 1982～1990 年还是一个以农业人口占绝对优势的城市，但是至 2000 年，它便是一个以工业占主导地位的城市，其第二产业从业人员比例高达 78.85%，超过了深圳。制造业与东莞和深圳一样发达的同时还有顺德、南海和中山市。

（4）珠三角其他地区。这个地区的职业结构发展大致遵循社会生产活动历史发展顺序，符合"克拉克定理"，即

---

① 李强：《"丁字型"社会结构与"结构紧张"》，《社会学研究》2005 年第 2 期。

产业结构由第一产业向第二产业和第三产业转变。这些城市基本在广州市辖区周围，职业结构为 II 类、III 类、IV 类、V 类，第二产业和第三产业较为发达。

（5）广大的粤北山区和大部分的东西两翼地区。其职业结构转变历程为 V 类→III 类→I 类。可以看出，这个地区在 1982 年、1990 年的非农化程度相对于其他地区而言较高，但是因为珠三角地区的飞速发展使其非农化速度显得相当缓慢，同时因为珠三角地区的产业扩散，至 2000 年这个地区便成了以农业为主导的区域。

三 经济发展对广东省职业结构变动的影响

唐纳德·特赖曼（Donald Treiman）认为，职业结构和地位的获得与工业化程度密切相关，工业化程度越高则职业分化程度越高，即经济发展能够创造更多的高层职业机会，工业化道路能够创造机会平等的职业结构[①]。为了更好地考察经济发展对人口职业结构变动的影响，笔者以 1990 年的行政区划为准（2000 年新增了东源、阳东、清新、潮安、揭东、云安 6 个县级市），以广东省 92 个市辖区、市辖县为对象，利用广东省第四、第五次人口普查的分县职业结构数据，建立了多元回归模型。1990～2000 年各职业比例的变动为因变量；经济发展为自变量，笔者将其操作化为产业结构的变动与地区差异，产业结构变动为 1990～2000 年各产业比例的

---

① Treiman, Donald J., "Industrialization and Social Stratification," *Sociological Inquiry*, 1970.

变动，这一方法借鉴了于蜀、徐桂琼的研究方法[1]，但与他们将自变量看成产业就业人数增长比例的做法不同，应该说职业结构的变动更多地与产业结构的变动相关，它是行业结构及产业结构变化的产物，而不仅仅是体现在产业就业人数的增长比例上。另外笔者引入了五个虚拟变量，即广东省的五个地区[2]，用以分析职业结构变动与区域经济差异的相关程度。因为在方程中引入农业和粤西两个变量时，存在高度的多重共线性现象，为了消除这种影响，笔者将这两个自变量剔除。那么这个回归模型可以用式 2-4 表示：

$$Y_i = \beta_0 + \beta_1 GY + \beta_2 S_1 + \beta_3 S_2 + \beta_4 S_3 + \beta_5 S_4 + \beta_6 HX$$
$$+ \beta_7 WW + \beta_8 YD + \beta_9 YX + \beta_{10} YB + e(i = 1,2,3,4,5,6)$$

$$(2-4)$$

其中 Y_i 表示 1990~2000 年第 i 类职业比例的变动，以 2000 年该职业就业人口所占的比重与 1990 所占比重之差表示。GY 表示第二产业（工业）人口占在业人口比例的变动，S_1、S_2、S_3 和 S_4 分别表示第三产业的四个层次从业人员占在业人口比例的变动。HX、WW、YD、YX 和 YB 则表示珠三角核心圈、珠三角外围区、粤东、粤西和粤北五个虚拟

① Sharmistha Bagchi-Sen, "Structural Determinants of Occupational Shifts for Males and Females in the U. S. Labor Market," *Professional Geographer*, 1995, 47; 于蜀、徐桂琼：《经济转型与中国人口职业结构的变动》，《中国人口科学》1999 年第 5 期。

② 这五个地区分别为：珠江三角洲核心圈，包括广州、深圳、珠海、佛山、东莞和中山；珠江三角洲外围区，包括江门、肇庆和惠州；粤东，包括汕头、汕尾、潮州和揭阳；粤西，包括湛江、茂名和阳江；粤北，包括韶关、梅州、河源、清远和云浮。

变量，用以分析区域发展差异对职业结构变动的影响。e 为残差。

标准化回归系数则表示各个变量之间的重要程度。由多元回归分析结果（见表 2-7）可以得知，分职业的多元回归方程确定系数 R^2 较高，这表明方程中的自变量对因变量的解释能力较强。1990~2000 年，国家机关、党群组织、企业事业单位负责人的变动与流通部门和为社会公共需要服务的部门的变化呈正相关的关系，并且受两者影响显著，尤其是国家机关、政党机关和社会团体的回归系数较高，P 值较小；并且珠三角核心圈地区国家机关、党群组织、企业事业单位负责人的增长要快于其他地区。专业技术人员的变动除为生产和生活服务的部门呈负向变动外，其他各个产业均呈正向变动，并且显著性水平较高，但是受地区差异影响不大。办事人员和有关人员与第二产业以及为生产和生活服务的部门呈正相关关系，并且显著性水平较高，受地区差异影响也较小。随着第二产业、流通部门、为生产和生活服务的部门的兴起，商业、服务业人员也随之增多，并且在粤东地区商业、服务业人员的增长很显著。同时，第二、第三产业的兴起大大降低了农、林、牧、渔、水利业生产人员的比例，这种情况在粤北地区尤其显著，可以得知，粤北地区的农业比重相对其他地区而言较高，这说明随着改革开放政策的深入，粤北地区的非农化速度较快。生产、运输设备操作人员及有关人员的变动与第二产业和流通部门呈正向显著相关，而与为生产和生活服务的部门呈负向显著相关，并且在粤东地区，此职业人员比例有明显下降，而在粤北地区则明显上升，这说明粤东地区处于由第二产业向第三产业转变的阶段，而粤北地区则处于工业化阶段。

表 2-7　分职业的标准化回归系数

变　　量	国家机关、党群组织、企业事业单位负责人	专业技术人员	办事人员和有关人员
第二产业	0.119	0.192 ***	0.273 ***
流通部门	0.230 **	0.126 *	-0.058
为生产和生活服务的部门	-0.059	-0.084	0.830 ***
为提高科学文化水平和居民素质服务的部门	-0.082	0.559 ***	0.095
为社会公共需要服务的部门	0.435 ***	0.425 ***	0.055
珠三角核心圈	0.322 **	0.061	-0.106
珠三角外围区	0.003	0.002	0.010
粤东	0.200 *	-0.057	-0.002
粤北	0.050	0.017	-0.068
R^2	0.416	0.842	0.804

变　　量	商业、服务业人员	农、林、牧、渔、水利业生产人员	生产、运输设备操作人员及有关人员
第二产业	0.129 ***	-0.763 ***	0.962 ***
流通部门	0.646 ***	-0.300 ***	0.119 ***
为生产和生活服务的部门	0.370 ***	-0.150 ***	-0.115 ***
为提高科学文化水平和居民素质服务的部门	-0.042	-0.094 ***	0.031
为社会公共需要服务的部门	-0.004	-0.132 ***	0.049
珠三角核心圈	-0.041	-0.016	0.019
珠三角外围区	0.008	-0.015	0.017
粤东	0.135 ***	-0.015	-0.049 **
粤北	-0.023	-0.030 ***	0.063 **
R^2	0.942	0.996	0.976

* $P < 0.1$，** $P < 0.05$，*** $P < 0.01$。

资料来源：1990 年和 2000 年人口普查分县资料。

四　小结

（1）虽然广东省的职业结构趋向于合理化发展，从一种底部过于庞大的"倒丁字型"向近"金字塔型"结构转变，但是广东省的白领群体所占比例还偏小，职业结构处于"发展中状态"，职业结构的优化仍有很大的上升空间。这一方面表现在应该缩小处于底层的人员，即减少农民的数量，加快工业化的进程；另一方面应当发展第三产业，扩大中等收入者规模，以缩小不同社会阶层之间的经济和社会差距。

（2）广东省的职业结构类型区域差异大，2000年广东省珠江三角洲以外的广大地区的农业从业人员占在业人口的比例还相当大（为74.78%），因此应当加快发展粤北地区及东西两翼地区。

（3）广东省各职业比例的变动除与产业结构变动有显著相关外，还与区域经济发展水平高度相关。因此，应当加快区域协调发展的步伐，结合各个区域的不同经济社会发展条件，推进职业结构和阶层结构的区域均衡发展。具体来看，珠江三角洲核心圈的国家机关、党群组织、企业事业单位负责人的增长较快，使得该地区行政机关臃肿、人浮于事，应当适当降低其比例；另外应当加快粤北地区的工业化进程，大力发展粤东地区的第三产业。

第五节　小结

由上述职业结构的空间格局可知，大多数市辖县的农业人口比例较高。我国共有 2000 多个县（市），全国 80% 以上的人口分布在县域内，县域国民生产总值占全国国民生产总值的 50% 左右。职业结构在一定程度上反映了行业结构。因此，农业在县域经济体系中占有较大的比重，特别是在经济尚不发达的中、西部地区。而且，从我国产业结构演变的进程来看，城乡二元结构在相当长的时期内难以扭转，这就决定了我国县域经济在今后较长的时期内仍不能脱离农业这个基础。目前我国县域经济还很落后，绝大多数属于不发达的农业县。目前，我国城市区域大多处于结构转型期，城市经济社会发展面临着巨大的就业压力，还难以为县域内的劳动力资源提供转化的渠道。这就决定了我国县域经济在今后相当长的时期内仍然要以农业为基础产业，农业仍将是县域经济的重中之重。

我国是一个幅员辽阔、各地经济发展差异十分显著的发展中国家。同样，我国县域面广量大，各个县域所处的自然、地理、经济和社会环境不同，市场经济的发达程度不一，经济发展水平也必然千差万别，从而形成了不平衡性的特征。大量的统计资料也可表明，改革开放以来，地区间的差距不是缩小了，而是扩大了，而且还有进一步扩大的趋势。同时，我们还可以看到，一种类似于国际分工格局的地区分工格局已经开始形成，如广东、上海、江苏等发达地区，开始成为加工区；而内地的许多地区，包括像辽宁这样的老工业区，则正在成为原材料的提供商。

第三章 职业群体变动分析

　　《当代中国社会阶层研究报告》将中国社会分为十个阶层（见表1-1）。其中，国家与社会管理者和农业劳动者几乎分别处于这个职业结构金字塔的顶层与底层；同时，根据人口普查数据，国家与社会管理者占就业人口的比例最小，但处于体制内的核心部门，占有组织资源，掌握着整个国家和社会；农业劳动者占就业人口的比例最大，但属于体制外人口，只占有少量经济或文化资源。历史上的中国是一个农业大国，即使在中国社会结构日益现代化的今天，农业劳动者依然是中国社会最主要的阶层之一。因此，这两个职业群体是就业人口的重要成分，两者也相当具有代表性。同时，改革开放以来，伴随着中国的工业化进程，农民比例降低，工人和商业、服务业人员迅速增长。农村剩余劳动力转移到第二、第三产业，在全国范围内形成了巨大的迁移流。庞大的流动人口和城市农民工是中国社会结构变化的核心内容①。因此，笔者同时研究流动工人和流动商业、服务业人员。

在中国，如果说在 20 世纪 90 年代以前人口的阶层变化还比较缓慢的话，那么 90 年代中后期以来，随着市场化的深入、社会分工的细密化、新型职业的大量出现、收入差距的逐渐拉大以及农业劳动力向非农产业的转移，人们的阶层属性就开始在变动中显著起来②。

第一节 农民人口特征的变化

农民是中国社会劳动力的主要力量。无论在研究中还是在日常生活的语境中，人们谈到"农民"时想到的不但是一种职业，而且是一种社会等级，一种身份，一种生存状态，一种社区乃至社会的组织方式，一种文化模式乃至心理结构③。改革开放以来，中国社会处于转型时期，中国农村社会也步入转型时期。在这个由计划经济向市场经济过渡、由传统农业向现代农业过渡、由工业剥夺农业向工业反哺农业过渡的社会转型时期，中国的农村发生了翻天覆地的变化，中国农民的构成也发生了巨大的变化。改革开放以来发生的最令人欣喜的社会结构变化之一，就是"中国农民"这个曾经是世界上最庞大、最保守的社会群体已经于 20 世

---

① 李强：《农民工与社会分层》，社会科学文献出版社，2004。
② 张翼、侯慧丽：《中国各阶层人口的数量及阶层结构——利用 2000 年第五次全国人口普查所做的估计》，《中国人口科学》2004 年第 6 期。
③ http://baike.baidu.com/view/24915.htm.

纪末瓦解了①。改革在解放生产力的同时也解放了劳动力，既使农民富了起来，又给农民以更多的自由，从而使农民既成为社会流动与分化的始作俑者，又成为社会流动与分化的资源主体②。这主要体现在两个方面：第一，农民阶层的分化，进入乡镇企业成为工人与进入城市成为农民工是最主要的两个分化途径；第二，农民所占在业人口的比例呈不断下降的趋势。一个国家实现工业化的过程，也就是其农业人口不断减少的过程。

笔者研究的农民根据第五次人口普查的定义，指从事农业、林业、畜牧业、渔业及水利业生产、管理、产品初加工的人员。它与传统意义上的农民有所不同，其实更确切地应该称其为农业劳动者，但为了体现从事农业生产人口的阶层位置和身份特征，笔者将其称为农民。

一 农民规模的变化

第二章分析了各职业群体百分比的变化（见表 2 - 1）。1982 ~ 2005 年，农民规模呈上升趋势，但是占在业人口的百分比呈不断下降的趋势。1982 年占在业人口的百分比为72.13%，1990 年为 70.57%，2000 年为 64.46%，2005 年为 57.13%。

从各省份农民占全国农民百分比的变化来看（见表 3 - 1），

① 朱光磊：《当代中国社会各阶层分析》，天津人民出版社，2007，第206 页。
② 关家麟：《中国东部地区社会结构变迁》，社会科学文献出版社，2002。

可以分为以下三种类型：第一是下降型，主要分布在东部沿海省份，如北京、上海、江苏、浙江、广东等。第二是上升型，主要分布在东北地区，如黑龙江、吉林和辽宁。第三是稳定型（但略有上升或下降），除东部沿海省份和东北三省外，我国大多数省份都属于这种类型。

表 3 – 1   1982 ~ 2005 年中国分省份农、林、牧、渔、水利业生产人员规模变化

地　区	1982 年		1990 年		2000 年		2005 年	
	数量（人）	占比（%）	数量（人）	占比（%）	数量（人）	占比（%）	数量（人）	占比（%）
北　京	13511	0.36	11891	0.25	89008	0.21	8053	0.15
天　津	13027	0.35	16779	0.36	140058	0.32	8195	0.15
河　北	211286	5.63	256149	5.42	2691403	6.24	301705	5.69
山　西	90628	2.41	102594	2.17	957303	2.22	108919	2.05
内蒙古	60194	1.60	74069	1.57	768837	1.78	90260	1.70
辽　宁	76055	2.03	118712	2.51	1129492	2.62	147431	2.78
吉　林	51837	1.38	84052	1.78	808482	1.88	108872	2.05
黑龙江	61630	1.64	97819	2.07	977082	2.27	138850	2.62
上　海	17618	0.47	10020	0.21	91709	0.21	6157	0.12
江　苏	221191	5.89	249896	5.29	2203120	5.11	229996	4.33
浙　江	126680	3.37	132262	2.80	897165	2.08	93167	1.76
安　徽	209209	5.57	312524	6.62	2432393	5.64	287031	5.41
福　建	81426	2.17	107002	2.27	810315	1.88	91222	1.72
江　西	114442	3.05	176964	3.75	1260391	2.92	182678	3.44
山　东	304825	8.12	385763	8.17	3781383	8.77	471992	8.90
河　南	334999	8.92	423879	8.97	4258207	9.88	489309	9.22
湖　北	189327	5.04	215789	4.57	1884934	4.37	274487	5.17
湖　南	222972	5.94	281157	5.95	2451027	5.69	287252	5.41
广　东	217764	5.80	215302	4.56	1668544	3.87	200481	3.78
广　西	155844	4.15	202932	4.30	1850552	4.29	242105	4.56
海　南	—	—	23027	0.49	250196	0.58	35359	0.67
重　庆	—	—	—	—	1154336	2.68	139287	2.62

续表

地　区	1982 年		1990 年		2000 年		2005 年	
	数量（人）	占比（%）	数量（人）	占比（%）	数量（人）	占比（%）	数量（人）	占比（%）
四　川	451552	12.03	551674	11.68	3537177	8.21	433938	8.18
贵　州	118952	3.17	153779	3.26	1550738	3.60	196478	3.70
云　南	140006	3.73	172309	3.65	1955600	4.54	267641	5.04
西　藏	8440	0.22	11099	0.23	108137	0.25	14932	0.28
陕　西	112810	3.01	139891	2.96	1311458	3.04	173419	3.27
甘　肃	83311	2.22	113924	2.41	1112875	2.58	141400	2.66
青　海	12629	0.34	22210	0.47	187556	0.44	23984	0.45
宁　夏	13307	0.35	15697	0.33	188190	0.44	25363	0.48
新　疆	38580	1.03	44285	0.94	600073	1.39	86271	1.63
合　计	3754052	100	4723450	100	43107741	100	5306235	100

资料来源：1982 年、1990 年 1% 人口抽样调查数据；2000 年人口普查长表数据；2005 年 1% 人口抽样调查数据。

二　性别结构变化

从农民的性别结构来看（见表 3 - 2），可知农民职业的性别差异不大，相反却有性别比越来越均衡的趋势。

表 3 - 2　1982～2005 年农民性别结构变化

性别	1982 年		1990 年		2000 年		2005 年	
	数量（人）	占比（%）	数量（人）	占比（%）	数量（人）	占比（%）	数量（人）	占比（%）
男	2463610	52.16	22193028	53.21	1997372	51.48	2667587	50.27
女	2259840	47.84	20914713	46.79	1756680	48.52	2638648	49.73
合计	4723450	100.00	43107741	100.00	3754052	100.00	5306235	100

资料来源：1982 年、1990 年 1% 人口抽样调查数据；2000 年人口普查长表数据；2005 年 1% 人口抽样调查数据。

三 年龄结构变动

分年龄组来看，年龄结构变动比较显著的特征之一是"高"龄化趋势。1982～2000年，35岁以上农民占农民总数的比例越来越大（见图3－1），15～19岁的农民占农民总数的比例也逐年降低。从当中可以看出，在现代化过程中，农民职业对大多数人的吸引力逐渐减小。随着农民的分化，一部分农民成为乡镇工人，一部分农民成为城市农民工，这两部分人是农民"精英"；而继续留守在农民岗位上的却是年纪较大、无特殊技能的人口。导致年轻农民减少的一个原因是农民分化，另一个原因是随着国家社会经济的发展，教育水平提高，年轻人受教育的机会增多，因此年轻农民比例减少。

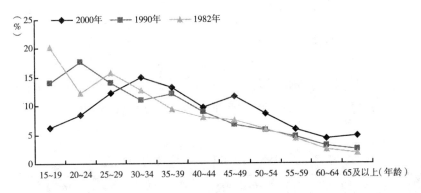

图3－1 1982年、1990年与2000年农民年龄结构变动

资料来源：1982年、1990年1%人口抽样调查数据；2000年人口普查0.1%抽样数据。

四 农民受教育程度变化

由表3－3可以看出，1982～2000年，农民的受教育程度有提高的趋势。受过中、高等教育的农民人口比例只有些许变化，2000 年中专文化程度的农民占农民总人口的比例比 1990 年提高了 0.36 个百分点，2000 年大学专科文化程度的农民已占 0.08%；最大的变化是未上过学的农民人口的减少和受过初中教育的农民的增多：1982～2000 年，未上过学的农民占农民人口的比例下降了 27.47 个百分点，具有初中文化程度的农民上升了 35.3 个百分点。可见 1986 年国家义务教育法颁布以来对农民整体文化素质提高产生了巨大作用。

表 3 - 3　1982 年、1990 年与 2000 年农民受教育程度变化

单位：%

年份	未上过学	扫盲班	小学	初中	高中	中专	大学专科	大学本科	研究生	合计
2000	9.05	2.77	43.10	40.50	4.13	0.36	0.08	0.01	0	100.00
1990	22.76	45.36	27.66	4.14	0.07	0.00	0.01	—	0	100.00
1982	36.52	37.14	21.13	5.20	—	0.01	0.01		0	100.00

　　注：表格中的"0"并不代表无，只是因为数值太小，保留两位小数无法体现其数值。

　　资料来源：1982 年、1990 年 1% 人口抽样调查数据；2000 年人口普查 0.1% 抽样数据。

五　农民的户籍构成

　　通常农民职业与户籍身份相契合。从 2000 年 0.1% 人口普查抽样调查数据来看，绝大多数农民还是农业户口，所占的比例为 98.21%，但是仍有 700 多万（占 1.79%）个农

民户口为非农业户口。如前所述，本书的农民指的是农业劳动者，因此，一部分在国有农业部门从事农业生产的人员也是农民，而他们未必是农业户籍。

有关农民分布的情况，第二章已作过描述，在此不再赘述。

第二节　公共部门负责人的时空变迁

市场的崛起尚未改变中国社会国家主导的格局，以党政群机关为代表的公共部门在社会生活中发挥着举足轻重的作用。掌握权力的党政群负责人在制定政策和分配资源中处于核心地位，他们掌握着整个国家和社会。从社会学的角度，我们可以将其称为"职业精英"。职业精英的人口学特征无疑会影响到政策偏好和资源分配倾向，如教育程度影响政策制定水平，民族、性别特征体现政策制定过程中群体参与的代表性，规模和地区分布体现社会资源分配特点，平均年龄则是体制活力的衡量尺度之一。改革开放30多年来，公共部门负责人的人口统计学特征有哪些变化，这些变化意味着什么，这是本书研究的核心问题。李若建对1995年以前的负责人变化进行了分析[1]，本书在其研究基础上，进一步聚焦于公共部门（除事业单位外），分析1982～2000年公共部门负责人的变化。

---

[1] 李若建：《负责人职业的若干问题分析》，《社会科学战线》1999年第3期。

一 研究对象和研究数据

笔者的研究对象为公共部门（国家机关、党群组织）负责人。统计数据中，本书的研究对象指在中国共产党中央委员会和地方各级党组织、各级人民代表大会常务委员会，人民政协，人民法院，人民检察院，国家行政机关，各民主党派，工会、共青团、妇联等人民团体、群众自治组织和其他社团组织及其工作机构中担任领导职务并具有决策权和管理权的人员。市场化改革后，强调其公共性，党政群负责人可被称为公共部门负责人。改革开放以来，公共部门的构成和统计口径都发生了一些变化。改革开放初期，公共部门的构成非常清晰，指党和国家组织及其在基层的延伸。至1990年，国家和社会开始分化。地市县行政结构形成，"地"从派出机构演变为一级政府。人民公社废除，演变为乡镇政权，产生了村民委员会。党的基层组织负责人单列统计。至2000年，地方分权后"块"状管理加强，国家机构各级别负责人的统计转变为各国家机关负责人不分级别的统计，出现了其他国家机关负责人的统计内容。居民和村民委员会被定性为自治组织，出现了新的社会团体。如表3－4所示，根据三次人口普查数据，不同时期的公共部门负责人具体包括三种类型。

按照人口普查对职业的分类标准，可知公共部门负责人这一群体是体制内核心部门的中高层管理者，掌握着当前中国社会的最关键性的资源——组织资源。由于国家组织系统掌握着整个社会最重要和最大量的资源，拥有组织资源的国家与社会管理者在资源配置中处于明显优势位置。他们并不

表 3-4 1982 年、1990 年、2000 年国家机关、党群组织
负责人组成及其对应关系

类　　别	2000 年	1990 年	1982 年
中国共产党中央委员会和地方各级组织负责人	中国共产党中央委员会和地方各级组织负责人	中国共产党中央及地方县级及县以上组织负责人	中国共产党各级组织负责人
		中国共产党基层组织负责人	
国家权力机关及其工作机构负责人	国家权力机关及其工作机构负责人	中央级国家机关及其工作机构负责人	中央级国家机关及其工作机构负责人
	人民政协及其工作机构负责人	省级国家机关及其工作机构负责人	省级国家机关及其工作机构负责人
	人民法院负责人	地、市级国家机关及其工作机构负责人	地、市、县级国家机关及其工作机构负责人
	人民检察院负责人	县级国家机关及其工作机构负责人	—
	国家行政机关及其工作机构负责人	城镇、街道、乡镇国家机关及其工作机构负责人	农村人民公社负责人、城镇街道负责人
	其他国家机关及其工作机构负责人	—	—
民主党派和社会团体及其工作机构负责人	工会、共青团、妇联、其他人民团体及其工作机构负责人	共青团、工会、妇联负责人	共青团、工会、妇联负责人
	民主党派负责人	政协、民主党派、人民团体各级组织及其工作机构专职负责人	民主党派、人民团体负责人

续表

类　别	2000 年	1990 年	1982 年
民主党派和社会团体及其工作机构负责人	群众自治组织负责人	居民（村民）委员会负责人	居民委员会负责人
其他	其他社会团体及其工作机构负责人	—	—

资料来源：1982 年、1990 年和 2000 年人口普查职业分类代码。

是生产资料的所有者，但他们可以控制或支配一部分生产资料，因而，他们实际上也分享部分经济资源。当然，他们同时也拥有较多的文化资源①。

本研究的数据来自 1982 年第三次人口普查 1% 抽样数据、1990 年第四次人口普查 1% 抽样数据和 2000 年第五次人口普查 0.1% 抽样数据，并结合全国第三、第四、第五次人口普查汇总数据进行分析。

本书主要考察这个职业群体的基本状况以及改革开放以来这个群体的时空变迁，并对这种变化的意义进行简要阐述。

二　公共部门负责人的发展变化

笔者从规模、性别、年龄、教育和民族五个人口统计学的角度来分析 1982～2000 年公共部门负责人的变化。

1. 规模变化

根据三次人口普查数据的推算，1982 年全国的党政群

---

① 陆学艺：《当代中国社会流动》，社会科学文献出版社，2004。

负责人为 258.3 万人，1990 年为 432.8 万人，2000 年为 334.7 万人。1982～1990 年增长迅速，增长了 174.5 万人，增长了 67.56 个百分点，略多于 2/3；1990～2000 年减少了 98.1 万人，减少了 22.67%。与全国各职业人口变化幅度相比（见表 3-5），党政群体负责人的变化幅度是比较大的。

表 3-5　1982～2000 年全国各职业在业人口增长幅度

行　　业	1982～1990 年		1990～2000 年	
	增减数量（人）	增减幅度（%）	增减数量（人）	增减幅度（%）
合　计	125302852	24.08	23137072	3.58
国家机关、党群组织、企业事业单位负责人	3348228	42.09	-145885	-1.29
专业技术人员	6898682	25.15	3816602	11.12
办事人员和有关人员	4663815	70.76	9455677	84.01
商业、服务业人员	14433810	70.6	26490652	75.95
农、林、牧、渔、水利业生产人员	80306922	21.4	-24525086	-5.38
生产、运输设备操作人员及有关人员	15873379	19.34	7919981	8.09
不便分类的其他从业人员	-221984	-41.14	125131	39.4

注：由于各次普查与抽样调查口径不一致，结果会有误差，但仍可以看出整体变化趋势。

资料来源：根据 1982 年、1990 年、2000 年全国人口普查汇总数据计算。

1982～1990 年，中国政治经济社会在党的十一届三中全会以后进入了一个全新的发展阶段，党、政、群、企负责人数量的大幅增加与人口增长、经济发展以及行政区划变化有一定的联系[1]。聚焦于公共部门负责人，它的变化则与人

---

[1]　李若建：《城市失业率的空间特征》，《城市规划》1997 年第 4 期。

口增长、区划变动、政府职能和机构改革有关。

首先，就业人口增长。1982～2000年全国人口从10.2亿增长到12.7亿，就业人口从52030.9万人增长到66874.9万人。公共部门负责人的增长不可避免，在经历了1990年前后的膨胀后，虽然2000年公共部门负责人的总量和比例都较之1990年大幅下降，但仍高于1982年的数量和比例。国家机关是我国就业的重要渠道之一，人口和就业人口的增长迫使它吸收更多的人员。"兵"多了，管理层次和幅度增加，自然"官"也就多了，所以在总量上负责人一直在增长。人口增长要求社会具有自组织性，公共部门中的群团组织也就多了起来，也带来了一定规模负责人的增长。

其次，行政区划的变化。李若建指出："1982～1990年，中国大陆的行政区划体系有所变动，新建立了海南省，省级地区从29个增加到30个，增长3.4%。同时地区（自治州、盟）与地级市的总数从319个增加到336个，增长5.3%。县（含自治县、旗）、县级市、市辖区从2793个增加到2833个，增长1.4%。建制变化必然带来负责人数量变化，单位多了官员也自然多了。"① 1997年重庆成为直辖市，香港回归。1999年底，虽然地级区划数下降到331个，但县级区划和市辖区区划数增长到2858个。总体来看，至2000年，行政区划延续了以前的增长趋势。

再次，政府机构改革减少了公共部门负责人。建立社会

---

① 李若建：《负责人职业的若干问题分析》，《社会科学战线》1999年第3期。

主义市场经济之初，政府需要培育和引导市场的发展，除了直接参与市场经营外，政府还建立了一批行政性公司和经营性机构。这些由体制内延伸出去的机构或者挂靠在体制内的机构都算是公有性质的，其人员编制大部分归属于公共部门。全国需要强大的行政力量来推进国家各项事业的发展，但随之而来的问题便是机构臃肿、人浮于事、效率低下。1998 年国务院进行了机构改革，国务院组成部门由原有的40 个减少到 29 个。从 1998 年开始，国务院机构改革首先进行，随后中共中央各部门和其他国家机关及群众团体的机构改革陆续展开；1999 年以后，省级政府和党委的机构改革分别展开；2000 年，市县乡机构改革全面启动，公共部门负责人占总就业人口比重相比 1990 年下降了 0.17%（见表 3 - 6）。截至 2002 年 6 月，经过四年半的机构改革，全国各级党政群机关共精简行政编制 115 万人[①]。

表 3 - 6　1982 年、1990 年、2000 年公共部门负责人
就业人数和占就业人口比重

年份	全部就业人口（万人）	公共部门负责人（万人）	所占比重（%）
1982	52030.9	258.3	0.496
1990	64561.2	432.8	0.670
2000	66874.9	334.7	0.500

资料来源：全部就业人口数据来自 1982 年、1990 年全国人口普查汇总数据以及根据 2000 年全国人口普查长表数据推算；公共部门负责人数据来自 1982 年第三次人口普查 1% 抽样数据、1990 年第四次人口普查 1% 抽样数据和 2000 年第五次人口普查 0.1% 抽样数据。

---

① http：//www.gov.cn/test/2009 - 01/16/content_ 1207000. htm.

2. 性别比

由表 3-7 可以看出，1982~2000 年，党政群负责人的性别差异缩小，体现了性别平等化的趋势。1982 年党政群负责人的性别比为 646.96，1990 年为 606.73，2000 年下降到了 491.34。但是，从公共部门的横向结构和纵向层级来看，性别比并不总是平等化的，一些层级和部门的性别比是上升的。

表 3-7　1982 年、1990 年、2000 年党政群负责人
性别结构变化

单位：人

2000 年	男	女	性别比	合计
中国共产党中央委员会和地方各级组织负责人	497	63	788.89	560
国家权力机关及其工作机构负责人	185	22	840.91	207
人民政协及其工作机构负责人	35	10	350.00	45
人民法院负责人	33	4	825.00	37
人民检察院负责人	20	3	666.67	23
国家行政机关及其工作机构负责人	945	118	800.85	1063
其他国家机关及其工作机构负责人	197	27	729.63	224
民主党派负责人	20	9	222.22	29
工会、共青团、妇联、其他人民团体及其工作机构负责人	168	128	131.25	296
群众自治组织负责人	636	168	378.57	804
其他社会团体及其工作机构负责人	45	14	321.43	59
合　计	2781	566	491.34	3347

1990 年	男	女	性别比	合计
中央级国家机关及其工作机构负责人	204	45	453.33	249
省级国家机关及其工作机构负责人	608	48	1266.67	656
地、市级国家机关及其工作机构负责人	3338	381	876.12	3719
县级国家机关及其工作机构负责人	6417	509	1260.71	6926
城镇、街道、乡镇国家机关及其工作机构负责人	3237	222	1458.11	3459
中国共产党中央及地方县级及县以上组织负责人	1731	169	1024.26	1900
中国共产党基层组织负责人	13015	1142	1139.67	14157
共青团、工会、妇联负责人	3724	2174	171.30	5898
政协、民主党派、人民团体各级组织及其工作机构专职负责人	604	83	727.71	687
居民(村民)委员会负责人	4278	1351	316.65	5629
合　计	37156	6124	606.73	43280
1982 年	男	女	性别比	合计
中央级国家机关及其工作机构负责人	129	23	560.87	152
省级国家机关及其工作机构负责人	619	70	884.29	689
地、市、县级国家机关及其工作机构负责人	7614	422	1804.27	8036
中国共产党各级组织负责人	8798	663	1327.00	9461
共青团、工会、妇联负责人	2166	1267	170.96	3433
民主党派、人民团体负责人	153	14	1092.86	167
城镇街道负责人	210	62	338.71	272
居民委员会负责人	166	832	19.95	998
农村人民公社负责人	2517	105	2397.14	2622
合　计	22372	3458	646.96	25830

注:"性别比"以女性为 100。

资料来源:根据第三次人口普查 1% 抽样数据、第四次人口普查 1% 抽样数据和第五次人口普查 0.1% 抽样数据计算。

1982 年与 1990 年相比，从地、市、县级到省级，再到国家级，性别比下降，说明在越高层级的党政机关中，社会性别差异越小，社会性别越平等。这种性别比的格局一方面是出于国家管理的需要，这些年有意识提拔女干部的结果；另一方面也说明了公共部门工作中，妇女工作的增多。这在共青团、工会、妇联负责人性别比的变化中十分明显。1982年、1990 年、2000 年，共青团、工会、妇联负责人性别比分别为 170.96、171.30 和 131.25，下降幅度比较明显。由这一类别的工作性质决定，其负责人代表女性并为女性工作，其性别比是所有类别中最低的。

但是，在群众性自治组织和基层政权中，性别比反而是上升的。1982 年、1990 年、2000 年，居委会和村委会这些群众自治性组织中的性别比由 19.95、316.65 上升到378.57。改革开放以来，基层自治组织越来越重要，在化解基层矛盾、处理基层事务中发挥着突出作用，成为党和政府进行社会管理的帮手。从公共部门的代表性看，没有有意识的性别安排，它最能反映社会的自主选择。这种选择的结果是，男性在社会自主管理中主导地位加强。在基层政权中，城镇街道负责人的性别比也可能是上升的。1982 年城镇街道负责人的性别比是 338.71，1990 年城镇、街道、乡镇国家机关及其工作机构负责人的性别比是 1458.11。由于统计口径上将乡镇与街道合并，我们无法准确了解性别比的提高程度。另外，1982 年改人民公社为乡镇，而原人民公社的性别比达 2397.14。

2000 年的数据由于职业分类不同，党政群负责人没有按照行政区划层级来分类，只按照部门划分，就此我们可以看出性别在公共部门类别上的分布差异。从整体看，各个部门负责人的性别比差别不大。在国家机构中，除政协负责人在性别方面有特殊要求外，党、人大、政府、法院、检察院的性别比非常接近，集中在 800 左右。但是其他部门的性别比则产生了非常显著的差异，与国家机构相比，其性别比均在 400 以下。因此，我们可以认为性别比的分布有两类，一类是国家机构的高性别比，另一类是非国家机构的低性别比。这可能是工作性质的原因，如工作强度；也有可能是进入国家机关的女性比较少，在激烈的负责人竞争中难以胜出；还可能是社会的结构性安排，国家机构的政治性适合男性，非国家机构的事务性适合女性。

在非国家机构的性别分布中，也存在着比较大的差异。尽管它的负责人一定程度上受干部提拔规定的影响，但性别比的逻辑与干部任用规定存在不同。工会、共青团、妇联、其他人民团体及其工作机构负责人的性别比最低，这种现象很大程度上是由于妇女工作的性质造成的。民主党派负责人性别比与党派历史沿革有关。群众自治组织负责人、其他社会团体及其工作机构负责人的性别比在某种程度上反映了社会事务对女性管理者的需要。

3. 年龄结构

由图 3 - 2 可知，1982 ~ 2000 年，全国公共部门负责人的年龄结构呈年轻化趋势。1982 年，全国公共部门负责人的主要年龄段为 45 ~ 54 岁，占了 45.53%，其次是 40 ~ 44 岁的人，占 14.75%，35 ~ 39 岁的人占 11.58%；1990 年全国公共部门负责人则主要集中在 35~54 岁这个年龄段，共有 67.52%，其中 35~39 岁的占 16.65%，40~44 岁的占 18.81%，45~49 岁的占 16.82%，50~54 岁的占 15.24%；2000 年所占比例最高的为 45~49 岁人群，为 20.50%，其次是 35~39 岁的人，占 18.14%，40~44 岁的占 17.84%，50~54 岁的占 15.54%，30~34 岁的占了 11.41%。

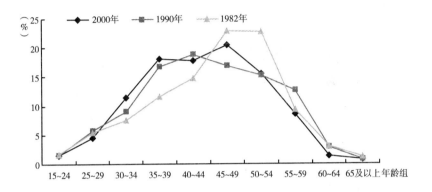

图 3-2 1982 年、1990 年与 2000 年全国党政群负责人年龄结构

资料来源：根据"三普"1% 抽样数据、"四普"1% 抽样数据和"五普"0.1% 抽样数据计算。

60~64 岁年龄组今天看来是属于高级干部，但在 1982 年，干部离退休制度还没有完全建立，国家建设也需要老同志发挥余热，因此，包括 1990 年在内，这个年龄组的干部比例较大。干部离退休制度和国家公务员制度开始建立后，高级职位的职数有了严格限制，而负责人总体数量有了增加，因此，2000 年该年龄组的干部比例显著变小。同理，25~29 岁年龄组也因为干部选拔制度化的原因，不可能有太多人进入负责人行列。

全国公共部门负责人的年龄结构变化是一个演化的过程，在负责人职位相对稳定的情况下，前一时期的负责人年龄结构对后一时期的年龄结构具有决定性影响。1982年，45～49岁和50～54岁年龄组的比例相对较高，50～54岁年龄组在1990年的统计中大部分人会退休，这一职位的空缺将由40～44岁年龄组的负责人顶替。公共部门负责人变化是梯次上升，一部分人上升到负责人，大部分人是由低层的负责人上升到高层的负责人。由于40～44岁以下年龄组的负责人比例较少，约占15%，因此，1990年45～49岁和50～54岁年龄组的负责人比例大幅度降低。

4. 受教育程度

从三次人口普查来看，全国党政群负责人的文化程度不断提升（见图3-3）。1982年，仅初中文化程度的便占了将近一半，为48.59%，小学和高中分别占了21.41%和22.48%，大学毕业的仅为5.45%；1990年，初中文化程度的下降到30.85%，高中的上升到19.38%，大学本科的上升到21.23%，这是一个飞跃式的发展；至2000年，占主体的分别是大学专科、大学本科、高中生和中专生，所占比例分别为28.29%、12.82%、18.29%和13.09%，并且已有部分研究生，所占比例为0.99%。

应该说，教育是获得干部身份的最主要的途径。在古代，"学而优则仕"，在当今社会依然如此。在改革开放初期，凡是取得高中、中专、大专或本科等学历的学生，均可

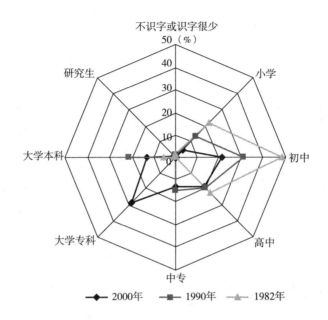

**图 3 – 3 1982 年、1990 年与 2000 年全国党政群
负责人受教育程度**

资料来源：根据"三普"1%抽样数据、"四普"1%抽
样数据和"五普"0.1%抽样数据计算。

按国家计划分配到工作单位后自动取得干部身份。随着改革
开放的深入和经济所有制的多元化，计划分配体制的打破以
及国家公务员制度的实行，使得更广泛的群众有希望进入公
务员队伍，但前提便是他们受过良好的教育，尤其是高等教
育，在这样的背景下，整个党政群负责人队伍的文化程度得
以不断提高。

5. 民族

从民族分布来看，少数民族占全国党政群负责人的比
重也有升高的趋势，1982 年占 5.81%，1990 年占

6.71%，2000 年则上升到 8.72%，这与人口总量的变动是有一定关系的。少数民族人口占全国人口的比重 1982年为 6.70%，1990 年为 7.96%，2000 年为 8.78%；1982～2000 年，汉族人口增长了 14.92%，而少数民族人口增长的比例为 54.21%。这在很大程度上缘于自 20 世纪70 年代末开始实施的计划生育政策，这项政策极大地限制了汉族人口的自然增长，而对于少数民族人口生育的限定则较为宽松。

三 公共部门负责人的空间分布

1. 公共部门负责人空间分布的整体评价

（1）集中指数。此处用于分析全国党政群负责人的集中指数评价指标，计算公式如下。

$$\Delta P = \frac{1}{2} \sum_{i=1}^{n} \left| \frac{p_i}{p} - \frac{P_i}{P} \right| ① \qquad (3-1)$$

在式 3-1 中，p_i、P_i 分别为 i 省的党政群负责人数量和人口总量，p、P 分别为全国党政群负责人数量和人口总量；n 为省数。

由式 3-1 可得，1982 年、1990 年与 2000 年，全国党政群负责人的集中指数几乎为零，说明全国党政群负责人在全国的分布较为均匀。

（2）罗伦兹曲线。由全国公共部门负责人空间分布的

---

① 参见陈楠、林宗坚、王钦敏《人口经济学中的 GIS 与定量分析方法》，科学出版社，2007，第 75 页。

罗伦兹曲线来看，公共部门负责人的空间分布罗伦兹曲线较接近对角线，说明分布也较均匀（见图3-4）。

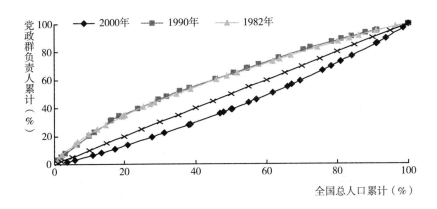

图3-4　1982年、1990年与2000年全国党政群负责人空间罗伦兹曲线

资料来源：根据1982年、1990年与2000年全国人口普查分县数据计算。

2. 党政群负责人分布的省际和区域差异

接下来具体看省份和区域的分布。中国地域广阔，区域差异极大，全国公共部门负责人的空间分布差异也极大。由表3-8可知，1982～2000年，北京党政群负责人的集中指数都是相对较高的，这主要是因为北京是全国的政治、经济、文化中心。分区域来看，1982年集中指数最高的是东北地区，第二是华北地区，第三是西北地区，第四是华东地区，接下来是西南地区，最后是中南地区；1990年按集中指数从高到低排列是东北、华北、中南、西北、华东和西南，2000年则是华北、东北、华东、西北、中南、西南。

表 3 - 8　1982 年、1990 年、2000 年公共部门
负责人分省份集中指数分布

地　区	2000 年	1990 年	1982 年
北　京	189.58	337.14	299.39
天　津	127.32	216.92	183.68
河　北	121.30	88.25	108.39
山　西	161.46	106.97	133.32
内蒙古	202.79	149.89	114.82
辽　宁	159.41	178.84	219.68
吉　林	114.02	108.12	175.57
黑龙江	143.22	218.13	224.86
上　海	101.91	166.34	222.49
江　苏	107.91	96.62	85.89
浙　江	79.69	80.67	89.78
安　徽	96.29	79.23	64.27
福　建	96.95	76.44	80.22
江　西	130.57	104.47	85.77
山　东	101.75	78.38	88.37
河　南	79.81	84.02	73.69
湖　北	94.83	170.99	121.08
湖　南	98.32	105.19	62.85
广　东	66.07	72.04	73.85
广　西	65.47	66.04	51.51
海　南	82.16	89.00	—
重　庆	62.70	—	—
四　川	79.38	47.65	76.60

续表

地　区	2000 年	1990 年	1982 年
贵　州	84.90	60.02	90.46
云　南	77.76	84.12	74.10
西　藏	105.96	172.41	280.81
陕　西	54.40	70.67	90.54
甘　肃	96.82	78.05	78.76
青　海	69.73	56.82	130.36
宁　夏	112.03	93.28	129.43
新　疆	162.71	199.88	109.88
华　北	149.11	103.57	137.85
东　北	142.67	174.55	210.97
华　东	101.54	89.57	89.52
中　南	80.31	99.51	77.20
西　南	77.83	58.34	80.77
西　北	93.57	95.06	94.52
全　国	100.00	100.00	100.00

注：集中指数 $= \dfrac{i \text{地区党政群负责人}/i \text{地区在业人口}}{\text{全国党政群负责人}/\text{全国在业人口}} \times 100$

资料来源：根据"三普"1%抽样数据、"四普"1%抽样数据和"五普"0.1%抽样数据计算。

3. 公共部门负责人分布的县际差异

由于党政群负责人属于职业中类，在全国人口普查分县数据中只有职业大类数据，无职业中类数据。为了更详尽地说明党政群负责人在全国各县市的具体分布情况，此处采用行业大类中的"国家机关、政党机关和社会团体"来代替，它与负责人不同，范围要更广一些，但在一定程度上也能说明负责人的分布情况，因为群体规模大，其负责人也相应较会多，反之亦然。这里将其简称为"党政群成员"。

由图 3 – 5 可得出全国公共部门负责人在各县市分布的四个规律：

——边境线上国家机关、政党机关和社会团体成员集中指数高，主要是东北部、北部、西部和西南部边境线上附近县市分布较全国其他县市密集；

——落后地区负责人集中指数一般要比发达地区负责人集中指数高；

——民族自治县的集中指数一般要比非民族自治县高；

——各地级市市辖区的党政群体成员集中指数一般比县级市高。

具体来看，在集中指数为 350 以上的 68 个县市中，有51 个属于边境省份县市。例如，辽宁省的铁岭市市辖区，吉林省的白山市市辖区、长白朝鲜族自治县，黑龙江省的黑河市、绥芬河市、伊春市市辖区、友谊县，内蒙古自治区的额济纳旗、集宁市、新巴尔虎右旗、锡林浩特市、阿拉善右旗、新巴尔虎左旗、苏尼特左旗、阿巴嘎旗、海拉尔市、霍林郭勒市、二连浩特市，甘肃省的阿克塞哈萨克族自治县、肃北蒙古族自治县、临夏市，新疆维吾尔自治区的乌鲁木齐市、喀什市、伊宁市、布尔津县、柯坪县、托里县、且末县、吉木乃县、塔什库尔干塔吉克自治县、博乐市、轮台县、若羌县、乌恰县、福海县，西藏自治区的拉萨市市辖区、噶尔县、边坝县、林芝县、札达县、日喀则市，这些县市大部分同时属于民族自治地方。

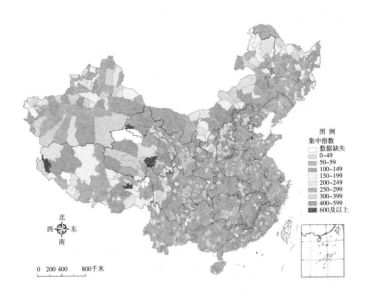

**图 3 – 5　2000 年国家机关、政党机关和社会团体成员
分县分布集中指数**

注：①国家机关包括各级国家权力机关和各级行政机关，即各级人大常委会及其所属办事机构，各级人民政府及其所属各工作部门，各级法院和检察院，以及区、乡、镇、街道人民政府的权力机构和行政办事机构，人民解放军、武警部队也包含在其中。政党机关包括中国共产党各级机关和所属办事机构、各民主党派各级机关办事机构和各级政治协商会议。社会团体包括各级工会、共青团、妇联、文联、残联、工商联及各类协会，中国红十字会、中国福利会、中国保护儿童委员会，各类学术团体和宗教团体等。基层群众自治组织包括各类居民委员会和各类村民委员会。

②集中指数 $= \dfrac{i \text{ 地区国家机关、政党机关和社会团体成员}/i \text{ 地区在业人口}}{\text{全国国家机关、政党机关和社会团体成员}/\text{全国在业人口}} \times 100$

资料来源：根据 2000 年全国人口普查分县资料数据计算。

　　集中指数为 350 以上的有 27 个属于非边境省份县市。有 11 个为地级市辖区，如广东省的河源市辖区、梅州市辖区，河北省的石家庄市市辖区、沧州市市辖区、承德市市辖区、邢台市市辖区，河南省的漯河市市辖区、焦作市市辖区、三门峡市市辖区，山西省的晋城市市辖区，以及江苏省的宿迁市市辖区；其中广东省的河源市与梅州市两个市辖区，在广东省的 21 个市辖区中属于发展比较落后的区域，其党政群体成员的集中指数很高。

在其他的 16 个县市中，有 16 个县属于少数民族比重比较高的县，如青海省的玛多县、同德县、海晏县、玉树县、班玛县、玛沁县、曲麻莱县和治多县，这 8 个县藏族人口比重较高；又如四川省的马尔康县与若尔盖县均属阿坝藏族羌族自治州，其藏族羌族人口的比重相应也会高一些。

在余下的 6 个县市中，山东乐陵市党政群体成员的集中指数最高，达到 3921.84。其他的 5 个县为山东长岛县，山西省的离石市、大宁县、蒲县和永和县。

四　小结

由以上分析可知，1982～2000 年，全国党政群负责人的结构呈现一系列合理化的趋势：总量控制化、社会性别平等化、队伍年轻化、文凭高级化和民族分布均匀化；在空间分布方面，国境线附近县市、落后地区县市、少数民族人口比例较高县市和市辖区等地，公共部门负责人的比例相对会比较高。

第三节　流动工人与流动商业、服务业人员

在人口学领域中，对人口迁移流动有不少的研究，对"人口迁移"的定义也不少。学者们从各自的学科背景、研究角度和对象出发定义人口迁移，以至于难以形成一个统一的定义。在我国现在的大多数研究中，"人口迁移"和"人

口流动"概念的使用与国际上的一般含义又有所差别。我国实行"户籍"管理制度,人们把人口迁移活动中那些"户口"所在地和经常居住地同时发生变化的活动称为"人口迁移",而把那些只改变了经常居住地而未改变"户口"所在地的活动称为"人口流动"。笔者研究的是职业为工人或商业、服务业人员的流动人口,文中将其统称为流动产业工人。

1982年尚处于改革开放初期,人口迁移流动并不频繁,因此第三次人口普查数据未包括迁移流动人口;随着改革开放的深入,人口迁移流动愈发地活跃起来。1990年人口普查1%抽样数据表明,1990年全国共有工人10683.1万人,流动工人828.02万人,占7.75%;商业、服务业人员共有3755.8万人,流动商业、服务业人员309.65万人。至2000年,全国工人总数变化不大,但是商业、服务业人员增长迅速,增长将近一倍,流动人口所占的比例也有大幅增长:2000年人口普查0.1%抽样数据表明,2000年流动商业、服务业人员为2092.8万人,商业、服务业人员总数为6162.8万人,流动人口占33.96%;流动工人3448.7万人,工人总数为10627.3万人,流动人口占32.45%。人口迁移流动伴随着工业化和城市化的进程而进行,工业化和城市化是人口迁移流动的前提,而人口的迁移流动也使工业化和城市化成为可能。

由于1990年工人和商业、服务业人员中的流动人口所占比例不大,因此以下着重对2000年流动工人和流动商业、服务业人员的人口学特征进行分析。

一 流动产业工人的人口学特征

根据 2000 年第五次人口普查 0.1% 抽样数据，流动产业工人的性别比为 135.42，流动工人性别比偏高，为 162.74，流动商业、服务业人员的性别比较为均衡，为 100.98。这主要是由工作性质决定的。

从户籍构成来看，农业户口所占的比例较大：流动产业工人中农业户口的占 71.33%，流动工人中有农业户口的占 74.72%，流动商业、服务业人员中有农业户口的占 65.74%。这些人构成了广义上的"农民工"。

从年龄结构来看，流动产业工人以 40 岁以下的青年人为主，以 25~39 岁的青年人为最多。其中 15~19 岁的占 10.74%，20~24 岁的占 20.07%，25~29 岁的占 21.81%，30~34 岁的占 18.46%，35~39 岁的占 12.62%，共占 83.7%。流动工人的年龄结构比流动商业、服务业人员略为年轻化。

流动人口、农民工的婚恋状况是社会学非常关注的现象之一。流动产业工人以 40 岁以下的青年为主，正处于适婚恋爱的阶段。第五次人口普查数据显示，流动产业工人未婚的占 33.86%，初婚有配偶的占 63.57%，再婚有配偶的占 1.33%，离婚的占 0.82%，丧偶的占 0.42%。流动商业、服务业人员的已婚率较高，为 71.58%，流动工人的已婚率为 58.71%。造成这种现象的原因之一是两种职业群体的性别比差别。如前所述，流动商业、服务业人员的性别比较为均衡，而流动工人的性别比则偏高，对于一般的人来说，找对象通常在熟悉的圈内找，而由于流动工人偏高的性别比，在"圈"内造成了婚姻挤压，因此其已婚率较低。另外，与全国在业人口相比，流动产业工人的离婚率较低。流动产业工人中有 70% 以上有农业户口，这在一定程度上代表流动产业工人具有较为传统的婚恋观，同时也因为其自身较为卑微的社会经济地位，他们能够承担离婚成本的能力较低。

从受教育程度来看，流动产业工人以接受中等教育为主，受过初中、高中和中专教育的流动产业工人占 77.70%。流动工人与流动商业、服务业人员也以受过中等教育为主，但是商业、服务业人员的文化程度会略高一些，受过高等教育的比例较高，大学专科的有 3.11%（工人仅有 1.59%），具有大学本科文化程度的商业、服务业人员有 0.84%（工人为 0.37%）。

二 流动产业工人的迁移流向

人口迁移流动极大地改变了人口职业结构，也改变了人口的地域分布和职业结构的地域分布。推拉理论（The Push and Pull Theory）是解释人口迁移原因的主要理论。

我们将流动人口分为三类：市（县、区）内流动、省内跨市（县、区）流动、跨省流动（见表 3-9）。市（县、区）内流动和省内跨市（县、区）流动产业工人在 100 万以上的省份按从高到低排序为：广东、江苏、山东、浙江、四川和福建。跨省流动产业工人流入最多的地区为广东省，共有 959.5 万人，占全国的 47.94%，将近一半；其次是浙江，有 216.4 万人，占全国的 10.81%；上海、北京、江苏分别有 6.36%、5.25%、5.07% 的跨省流动产业工人。上海、北京的市（直辖市）内流动人口在全国没有优势，却吸引了大量的跨省流动人口，由此可知其吸引力之大。另外，广东省吸纳的三类流动人口数量居全国之最，拥有全国流动产业工人最多的省份是广东，占全国的27%，可见广东省对流动劳动力的巨大的"拉力"作用。占有全国流动产业工人前十位的其他 10 个省份（福建与山东并列）是浙江、江苏、福建、山东、四川、湖北、上海、云南、辽宁和北京。

表 3-9　2000 年流动产业工人分省份分布

地　区	市(县、区)内流动		省内跨市(县、区)流动		跨省流动		合　计	
	数量(万人)	占比(%)	数量(万人)	占比(%)	数量(万人)	占比(%)	数量(万人)	占比(%)
北　京	24.1	1.22	24..0	1.22	105.0	5.25	153.1	2.58
天　津	17.6	0.89	35.9	1.83	22.8	1.14	76.3	1.28
河　北	56.3	2.85	56.2	2.86	30.6	1.53	143.1	2.41
山　西	35.9	1.82	36.3	1.85	21.2	1.06	93.4	1.57
内蒙古	54.9	2.78	54.8	2.79	10.3	0.51	120.0	2.02
辽　宁	72.0	3.65	71.8	3.66	28.0	1.40	171.8	2.89
吉　林	30.7	1.55	30.9	1.57	7.9	0.39	69.5	1.17
黑龙江	46.8	2.37	46.7	2.38	7.4	0.37	100.9	1.70
上　海	33.6	1.70	29.1	1.48	127.4	6.36	190.1	3.20
江　苏	143.6	7.27	142.9	7.28	101.4	5.07	387.9	6.53
浙　江	130.9	6.63	130.9	6.66	216.4	10.81	478.2	8.05
安　徽	52.5	2.66	50.7	2.58	5.9	0.29	109.1	1.84
福　建	103.4	5.24	103.0	5.24	96.5	4.82	302.9	5.10
江　西	44.2	2.24	42.1	2.14	3.4	0.17	89.7	1.51
山　东	140.1	7.10	132.6	6.75	30.0	1.50	302.7	5.10

续表

地　区	市(县、区)内流动		省内跨市(县、区)流动		跨省流动		合　计	
	数量(万人)	占比(%)	数量(万人)	占比(%)	数量(万人)	占比(%)	数量(万人)	占比(%)
河　南	64.7	3.28	67.1	3.42	11.6	0.58	143.4	2.41
湖　北	96.5	4.89	95.2	4.85	16.2	0.81	207.9	3.50
湖　南	68.6	3.47	67.3	3.43	9.7	0.48	145.6	2.45
广　东	322.5	16.33	322.0	16.40	959.5	47.94	1604.0	27.00
广　西	60.7	3.07	53.7	2.73	15.4	0.77	129.8	2.19
海　南	8.3	0.42	8.2	0.42	8.2	0.41	24.7	0.42
重　庆	47.7	2.42	47.6	2.42	13.3	0.66	108.6	1.83
四　川	117.4	5.95	114.6	5.84	14.8	0.74	246.8	4.15
贵　州	37.0	1.87	36.8	1.87	12.0	0.60	85.8	1.44
云　南	63.1	3.20	62.8	3.20	46.5	2.32	172.4	2.90
西　藏	1.7	0.09	1.5	0.08	4.5	0.22	7.7	0.13
陕　西	38.2	1.93	37.9	1.93	11.7	0.58	87.8	1.48
甘　肃	26.5	1.34	26.5	1.35	5.8	0.29	58.8	0.99
青　海	6.0	0.30	6.0	0.31	4.7	0.23	16.7	0.28
宁　夏	8.5	0.43	8.5	0.43	3.8	0.19	20.8	0.35
新　疆	20.5	1.04	20.4	1.04	49.7	2.48	90.6	1.53
合　计	1974.5	100.00	1964.0	100.00	2001.6	100.00	5940.1	100.00

资料来源：2000 年全国人口普查 0.1% 抽样数据。

从跨省务工人员的来源地来看，务工人员流出大省有：四川 331.2 万人，占全国的 16.5%；湖南 255.4 万人，占 12.8%；江西 202.4 万人，占 10.1%；安徽 194.7 万人，占 9.7%；湖北 166.9 万人，占 8.3%；河南 153.2 万人，占 7.7%；广西 136.3 万人，占 6.8%。这 7 个具有 100 万以上跨省流动务工人员的省份合计占到了全国的 71.9%（见表 3－10）。

表3-10 跨省流动工人与商业、服务业人员的现住地与来源地

单位：万人

现住地＼来源地	北京	天津	河北	山西	内蒙古	辽宁	吉林	黑龙江	上海	江苏	浙江	安徽	福建	江西	山东	河南
北京	0	0.3	29.4	2.2	2.2	1.9	1.5	1.7	0.2	7.7	2.4	9.7	1.1	1.2	6.7	13.4
天津	0.2	0	4.6	0.5	0.5	0.2	0.5	1.1	0	1	0.6	2	0	0.1	5	2.7
河北	0.4	0.4	0	1.2	1.8	1	1.6	2.3	0	0.3	1.2	2.8	0.4	0.2	1.8	4.8
山西	0	0	1.8	0	1.6	0.1	0.3	0	0	0.2	1.1	0.3	0.1	0.1	1.3	5.2
内蒙古	0	0	1.2	1.5	0	0.6	0.7	1.5	0	0.3	0.1	0.1	0.1	0	0.2	0.4
辽宁	0	0	0.7	0.5	3.2	0	5.2	6.8	0.1	0.6	0.8	2.2	0.3	0.5	1.9	2
吉林	0	0	0.2	0	0.6	0.4	0	2.1	0	1.9	0	0.7	0.5	0.2	0.2	0.4
黑龙江	0	0	0.3	0	0.6	0.7	2.6	0	0	0.5	0.2	0.1	0	0.2	0.5	0.2
上海	0	0	0.4	0.1	0	0.2	0.4	0.3	0	32.3	11.6	44.2	5.6	5.8	2	4.1
江苏	0.2	0	0.7	0.2	0.1	0.2	0.1	0.6	2.4	0	7.2	46.8	2.2	3.7	1.8	6.5
浙江	0.3	0.1	0.4	0.1	0.1	0.2	0.1	0.8	1	7	0	47.2	2.4	51.6	1.9	14.6
安徽	0.1	0	0.1	0.1	0	0	0	0.2	0.2	1.3	1.2	0	0.5	0.5	0	0.4
福建	0	0	0.2	0	0	0	1.3	0.1	0.2	0.9	1.8	8.6	0	30.4	0.7	1.9
江西	0	0	0.2	0	0	0	0	0.1	0.2	0.2	0.2	0	0.3	0	0.1	0.1
山东	0.1	0	1.2	0.4	0.6	0.4	2.5	4.3	0	2.3	1.7	2.5	0.2	0.6	0	6.6

续表

来源地 / 现住地	北京	天津	河北	山西	内蒙古	辽宁	吉林	黑龙江	上海	江苏	浙江	安徽	福建	江西	山东	河南
河南	0	0.1	0.8	0.7	0	0.1	0	0	0.1	1.2	1.5	0.6	0.1	0.2	1.4	0
湖北	0	0	0.1	0	0	0.1	0.2	0.1	0.3	0.6	1.9	0.9	0	1	0.1	2.7
湖南	0	0	0	0.2	0	0	0.1	0	0	0.4	0.8	0.6	0.7	1.8	0.1	0.5
广东	0.5	0.1	1.5	0.4	0.3	1.2	1	2.6	0.8	9.3	7.3	20.3	16.9	99.6	6.7	75.5
广西	0	0	0.1	0.1	0.1	0	0	0	0	0	0.9	0.6	0.7	0.7	0.1	0.2
海南	0	0	0	0	0	0	0	0.3	0.1	0.1	0	0.8	0	0.6	0.2	0
重庆	0.1	0	0	0.1	0	0.1	0	0.5	0.1	0.3	0.1	0.1	0.4	0.3	0	0.5
四川	0	0.1	0.4	0	0	0	0.1	0.2	0	0.2	1.6	0.2	0.3	0.2	0.2	0.8
贵州	0.1	0	0	0	0	0	0	0	0	0	1.5	0	0.2	0.8	0.3	0
云南	0	0	0.2	0.2	0	0	0	0	0	0.9	3.8	0	2.2	1.1	0.2	0.7
西藏	0	0	0	0	0	0	0	0	0	0	0.3	0	0	0	0	0.8
陕西	0	0.1	0.8	0.6	0.1	0.3	0.2	0	0	0.3	0.9	0.6	0.1	0.3	0.5	1.5
甘肃	0	0	0.2	0	0.2	0	0	0.2	0	0.1	0.8	0.1	0.2	0	0.2	0.5
青海	0	0	0	0	0	0	0	0	0	0.5	0	0.6	0	0	0	0.3
宁夏	0	0	0.1	0	0.1	0	0	0	0	0	0.3	0.3	0	0.2	0	0.2
新疆	0	0	0.3	0.2	0	0.1	0.5	0.1	0.1	3.3	1.6	1.8	0.1	0.5	1	5.7
合计	2	1.2	45.9	9.3	12.1	7.9	18.9	25.8	5.6	73.7	53.4	194.7	35.6	202.4	35.1	153.2

续表

来源地 现住地	湖北	湖南	广东	广西	海南	重庆	四川	贵州	云南	西藏	陕西	甘肃	青海	宁夏	新疆	合计
北京	5.4	1.1	0.7	0.2	0	1.3	9.6	0.2	0.1	0	1.3	2.7	0	0	0.8	105
天津	1.5	0	0	0	0	0	1	0.1	0	0	0.9	0.3	0	0	0	22.8
河北	4.2	0.4	0.4	0	0	0.6	4.2	0	0.1	0	0	0.4	0	0	0.1	30.6
山西	1.6	0	0	0	0	0.6	5.1	0.2	0.1	0.1	1.3	0.1	0	0	0	21.2
内蒙古	0	0	0	0	0	0	0.8	0	0	0	1.7	0.9	0.1	0.1	0	10.3
辽宁	0.7	0.1	0.1	0	0	0.8	0.8	0.1	0	0	0.5	0	0	0.1	0	28
吉林	0.5	0	0	0	0	0	0.1	0	0	0	0	0	0	0	0.1	7.9
黑龙江	1.1	0.2	0	0.1	0	0	0.1	0.1	0	0	0	0	0	0	0	7.4
上海	3.6	1.6	0.6	0.1	0	1	10.7	0.5	0.3	0	0.4	0.9	0.1	0	0.6	127.4
江苏	3.8	1.5	0.4	0.2	0	2.4	15	2.5	0.3	0	1.4	0.5	0.5	0	0.4	101.4
浙江	13	13.1	1.2	2.3	0	8.3	28.1	17.5	2.6	0	2.1	0.2	0	0.1	0.1	216.4
安徽	0.6	0.4	0	0	0	0	0.2	0.1	0	0	0	0	0	0	0	5.9
福建	8.9	3.4	1.5	0.2	0	8.7	20	5.9	0.3	0	1.2	0.1	0.1	0	0.1	96.5
江西	0.5	0.8	0.2	0.2	0	0.1	0.1	0.1	0	0	0	0	0	0	0.1	3.4
山东	2.1	0	0.4	0	0	0.3	3	0.1	0	0	0.6	0.1	0	0	0	30

续表

来源地 现住地	湖北	湖南	广东	广西	海南	重庆	四川	贵州	云南	西藏	陕西	甘肃	青海	宁夏	新疆	合计
河南	2.4	0.6	0.2	0	0.1	0.1	0.4	0	0	0	0.8	0	0	0.2	0	11.6
湖北	0	1.6	0.6	0.2	0	1.5	2.8	0.5	0.4	0	0.3	0	0.3	0	0	16.2
湖南	2.9	0	0.2	0.1	0	0.2	0.4	0.4	0	0	0.2	0.1	0	0	0	9.7
广东	98.7	216	0	129.7	3.6	31.3	173.6	37.1	2.1	0.1	17.5	4.9	0.2	0.5	0.2	959.5
广西	0.7	5.8	0.6	0	0	0.6	2	1.4	0.7	0	0	0	0	0	0.1	15.4
海南	0.6	0.3	1	1.8	0	0.5	1.5	0	0	0	0	0.1	0	0	0	8.2
重庆	1	0.5	0.4	0	0.1	0	9.2	0.1	0	0	0	0	0	0	0	13.3
四川	0.5	0.5	0.5	0.1	0	5.7	0	0.3	0.8	0.1	0.6	0.2	0.2	0	0.3	14.8
贵州	0.5	2.1	0.6	0.2	0	1.1	3.8	0	0.5	0	0	0	0	0.1	0	12
云南	4.2	3.3	1.5	0.6	0	3.5	17.1	6.2	0	0	0.5	0.1	0	0	0.2	46.5
西藏	0	0.2	0	0	0	0.3	2.1	0	0.3	0	0.2	0.3	0	0	0	4.5
陕西	1.8	0.3	0.1	0	0	0.3	2.1	0	0	0	0	0.4	0.6	0	0.4	11.7
甘肃	0.4	0	0	0.1	0	0.5	0.7	0	0.2	0	0.9	0	0.6	0.1	0	5.8
青海	0.3	0.1	0	0	0	0.6	0.5	0	0	0	0.2	1.4	0	0	0	4.7
宁夏	0.1	0.1	0	0	0	0	0.5	0	0	0	0.4	1.3	0	0	0.2	3.8
新疆	5.3	0.9	0.2	0.3	0	3.1	15.7	0	0.1	0	2.2	6	0.3	0.3	0	49.7
合计	166.9	255.4	11.4	136.3	3.8	73.4	331.2	73.4	8.9	0.3	35.2	21	2.4	1.5	3.7	2001.6

资料来源：根据第五次人口普查 0.1% 抽样数据计算。

第四节　影响个人阶层地位的人口特征因素

影响个人职业阶层地位的因素很多，个人的因素有个人的知识、技能、能力和性格等，社会不平等的因素有家庭背景、单位、所有制和城乡户籍身份等。前者是由个人的能力差别带来的，后者却是其他无法被个人所左右的因素。本书主要关注后者，即性别、年龄、受教育程度和城乡户籍身份等因素。

一　教育因素

教育因素可以说是对个人阶层地位影响最大的因素之一。它不但影响劳动力的工作类型，同时也影响就业的稳定性和劳动报酬的高低。受教育程度较好的劳动力，比较容易获得较高报酬的职位，失业风险也较小；受教育程度较低的劳动力，获得的报酬较低，同时失业的风险也较高。受教育程度的好坏直接影响个人向上流动的机会，尤其是是否接受过高等教育。有众多学者认为，教育对个人地位的获得的影响最为重要，其理论代表一个是布劳－邓肯的社会地位获得模型，另一个是新古典经济学派的人力资本理论。

由表 3－11 可以看出，阶层地位较高的脑力劳动者阶层，如国家机关、党群组织、企业事业单位负责人，专业技术人员、办事人员和有关人员，其文化程度总体上比较高；而阶层地位较低的体力劳动者，如商业、服务业人员，农业劳动者和工人，其受教育程度较低。国家机关、党群组织、企业事业单位负责人可称为职业精英,他们当中的大多数受过中、高等教育。其中大学专科占 23.54%,大学本科占 10.44%。专业技术人员由于从事技术工作,因此受教育程度也较高,以中专和大学专科这一类以技术培训的教育为主。办事人员和有关人员以受过中等教育的为主。商业、服务业人员和生产、运输设备操作人员及有关人员以受过初中教育的为主,而农、林、牧、渔、水利业生产人员受过小学和初中教育的各占 40% 左右。

表 3-11　2000 年各职业阶层的受教育程度

单位:%

受教育程度	合计	国家机关、党群组织、企业事业单位负责人	专业技术人员	办事人员和有关人员
未上过学	6.21	0.2	0.11	0.61
扫盲班	1.93	0.08	0.04	0.22
小　学	32.84	5.74	2.06	5.74
初　中	41.7	26.1	14.14	23.24
高　中	9.03	21.14	16.46	22.7
中　专	3.63	11.81	26.94	15.15
大学专科	3.29	23.54	26.72	23.54
大学本科	1.29	10.44	12.55	8.37
研究生	0.09	0.96	0.98	0.43
合　计	100.00	100.00	100.00	100.00
受教育程度	商业、服务业人员	农、林、牧、渔、水利业生产人员	生产、运输设备操作人员及有关人员	不便分类的其他劳动者
未上过学	2.04	9.04	1.04	3.55
扫盲班	0.61	2.78	0.42	0.85

受教育 程度	商业、服务 业人员	农、林、牧、渔、 水利业生产人员	生产、运输设备 操作人员 及有关人员	不便分类的 其他劳动者
小　学	18.09	43.19	18.56	22.81
初　中	50.33	40.37	57.28	47.3
高　中	19.51	4.14	16.19	16.08
中　专	5.39	0.38	4.28	4.99
大学专科	3.27	0.08	1.83	3.33
大学本科	0.74	0.01	0.39	1.03
研究生	0.02	0	0.01	0.07
合　计	100.00	100.00	100.00	100.00

资料来源：2000 年人口普查长表数据。

表 3 - 12 代表了不同受教育程度人员的阶层位置。小学及以下受教育程度的基本都从事农业生产；受过初中教育的大部分也从事农业生产，但有 21.74% 的人口从事生产、运输设备操作；受过高中教育的则主要分流在商业、工业和农业部门从事体力劳动的行业；中专和大专以职业、技术培训为主，因此这部分人口大多从事技术性较强的职业，如专业技术人员和生产、运输设备操作人员，因为大专算是高等教育，因此在国家机关、党群组织、企业事业单位负责人与办事人员和有关人员中也占相当大的比例；大学本科以上文化程度的人口也主要集中在专业技术人员这一职业，并且大多分布在职业阶层位置较高的职业。

表 3 − 12   2000 年不同受教育程度人员的阶层位置

单位：%

受教育程度	国家机关、党群组织、企业事业单位负责人	专业技术人员	办事人员和有关人员	商业、服务业人员
未上过学	0.05	0.10	0.30	3.01
扫盲班	0.07	0.12	0.35	2.91
小　学	0.29	0.36	0.54	5.06
初　中	1.04	1.93	1.73	11.07
高　中	3.91	10.40	7.79	19.84
中　专	5.43	42.39	12.95	13.64
大学专科	11.95	46.37	22.18	9.12
大学本科	13.53	55.64	20.14	5.25
研究生	17.73	62.33	14.76	2.51

受教育程度	农、林、牧、渔、水利业生产人员	生产、运输设备操作人员及有关人员	不便分类的其他劳动者	合计
未上过学	93.84	2.65	0.04	100.00
扫盲班	93.03	3.49	0.03	100.00
小　学	84.76	8.95	0.05	100.00
初　中	62.41	21.74	0.08	100.00
高　中	29.56	28.39	0.12	100.00
中　专	6.83	18.67	0.09	100.00
大学专科	1.53	8.79	0.07	100.00
大学本科	0.57	4.81	0.05	100.00
研究生	1.04	1.58	0.05	100.00

资料来源：2000 年人口普查长表数据。

二　户籍因素

由表 3 − 13 可知，职业阶层地位越高，非农业户口人员所占的比例越大；而职业阶层地位越低，其农业户口人员所占的比例越大。城乡户籍制度不仅仅涉及户口问题，而且关系到农村人口的就业问题。户籍制度限制了农业户口者的择业范围，他们无法进入许多就业部门工作。许多农业户口的人主要从事体力活、脏乱差危险的工作，而非农业户口的居民却从事着相对轻松的、环境比较好的工作。农民如此，从农民阶层分化出来的农民工群体也是如此。甚至许多受过良好教育但持有农业户口者的就业也受户籍制度的羁绊。

表 3 – 13 2000 年分职业人口的户口性质

单位：%

职　　业	农业	非农业	合计
国家机关、党群组织负责人	27.78	72.22	100.00
事业单位负责人	8.90	91.10	100.00
企业单位负责人	27.90	72.10	100.00
专业技术人员	15.09	84.91	100.00
办事人员和有关人员	15.74	84.26	100.00
商业人员	50.42	49.58	100.00
服务业人员	54.68	45.32	100.00
生产、运输设备操作人员及有关人员	61.85	38.15	100.00
农、林、牧、渔、水利业生产人员	98.15	1.85	100.00
不便分类的其他从业人员	54.34	45.66	100.00

资料来源：2000 年人口普查 0.1% 抽样数据。

三　年龄和性别因素

如果说教育和户籍身份通过个人努力可以改变的话，那么年龄和性别则是个人无法改变的。

1. 年龄因素

以35岁为界，从总体来看，各职业35岁以下劳动力随着年龄的增大比例逐步增高；除国家机关、党群组织、企业事业单位负责人外，35岁以上劳动力则随着年龄的增大占本职业人口的比例逐渐减小。国家机关、党群组织、企业事业单位负责人以35～49岁人口所占的比例最高，这是因为要成为单位负责人需要一定的资历，年轻人没有优势。

分职业看，生产、运输设备操作人员和有关人员这类需要较强体力的职业和专业技术人员这类技术性强的职业拥有的35岁以下年轻劳动力的比例较高。农、林、牧、渔、水利业拥有的35岁以下劳动力较少，这是因为农业生产者这个职业对现代人的吸引力较小，农村年轻人如果有机会都会选择其他职业。商业、服务业人员与办事人员和有关人员以25～39岁的劳动力所占的比例为最高。

2. 性别因素

由表3－14可以看出这样一个很明显的特征：非农职业人口年龄越大，性别比越高。这主要是因为随着年龄的增大，女性的就业优势降低，退出劳动力市场的可能性也更大，在高年龄的就业人口中，男性占主导优势。

另一个显著的特征是，职业阶层越高，性别比也越高，反之亦然。但是年轻的专业技术人员性别比偏低，这主要是因为技术职业性别歧视较少，甚至女性还有更多的就业机会。

表 3 - 14 2000 年各职业阶层人口的年龄结构与性别比

年龄组	国家机关、党群组织、企业事业单位负责人		专业技术人员		办事人员和有关人员		商业、服务业人员		农、林、牧、渔、水利业生产人员		生产、运输设备操作人员及有关人员		不便分类的其他劳动者	
	占比(%)	性别比	占比(%)	性别比	占比(%)	性别比	占比(%)	性别比	占比(%)	性别比	占比(%)	性别比	占比(%)	性别比
15~19 岁	0.16	133.51	1.98	43.89	2.19	146.54	5.81	64.82	6.52	110.87	8.37	84.48	7.13	108.31
20~24 岁	2.59	180.32	12.5	60.38	11.13	132.98	12.3	79.53	8.51	104.21	15.07	141.89	11.71	160.55
25~29 岁	7.95	304.84	19.19	78.33	15.65	183.83	16.62	95.02	12.3	99.38	18.36	200.65	15.09	162.9
30~34 岁	13.66	402.01	17.91	85.01	15.19	205.23	17.86	96.42	15.05	95.98	18.54	214.59	16.49	157.35
35~39 岁	19.69	483.08	16.22	86.99	16.02	213.66	16.27	93.84	13.02	93.94	15.17	220.47	14.52	151.17
40~44 岁	17.5	519.79	11.12	89	12.82	217.83	11.91	97.8	9.93	99.38	10.49	235.18	10.83	164.48
45~49 岁	18.78	551.69	9.74	110.15	12.25	272.02	9.68	116.27	11.48	100.98	8.15	320.8	9.97	206.74
50~54 岁	12.28	757.65	6.3	188.99	7.73	550.64	4.79	184.1	8.46	111.1	3.67	599.46	6.1	353.19
55~59 岁	5.78	1463.32	3.48	573.6	4.24	1400.07	2.34	220.6	5.82	126.71	1.31	667.7	3.46	387.26
60~64 岁	1.18	798.84	1.08	567.96	1.54	1209.84	1.33	236.21	4.23	152.38	0.52	502.47	2.49	387.61
65 岁及以上	0.44	626.85	0.48	605.38	1.23	1434.18	1.09	267.21	4.7	166.75	0.32	341.24	2.2	394.42
总计	100	496.93	100	93.31	100	230.45	100	100.03	100	106.11	100	199.13	100	176.19

资料来源：2000 年人口普查长表数据。

在专业技术人员的 14 个职业中类①中，卫生专业技术人员、教学人员、文学艺术工作人员以及新闻出版、文化工作人员这四类职业的性别比偏低。年轻的商业、服务业人员的性别比也偏低，尤其是饭店、旅游及健身娱乐场所服务人员和医疗卫生辅助服务人员。另外，农、林、牧、渔、水利业生产人员的性别比差异不大。

---

① 这 14 个职业中类分别是：①科学研究人员；②工程技术人员；③农业技术人员；④飞机和船舶技术人员；⑤卫生专业技术人员；⑥经济业务人员；⑦金融业务人员；⑧法律专业人员；⑨教学人员；⑩文学艺术工作人员；⑪体育工作人员；⑫新闻出版、文化工作人员；⑬宗教职业者；⑭其他专业技术人员。

第四章 职业空间结构形成的动力机制

第一节 宏观背景

一 工业化

工业化主要指以"工业革命"为起点的近代工业化，"工业革命"则被视为人类历史的分水岭。在社会学意义上，工业化的含义包括工厂与家庭的分离、技术分工、非生命动力的应用、理性计算的扩张（这涉及广泛的领域）[①]。吉登斯更愿意用"工业主义"这个词来指称工业化的拓展过程。作为一项社会制度，工业主义具有以下四个特点：无生命物质能量的运用，生产和其他经济过程的机械化，制造业的普遍推广，集中化工作地点（与

[①] David Brown, M. J. Harrison, *A Sociology of Industrialization: An Introduction*, London: Macmillan Press Ltd., 1978.

家庭相分离、职业组织化劳动的场所）的出现[1]。综上所述，工业化可以理解为由于非生命动力的广泛应用以及制造业的持续增长而导致的从农业社会向工业社会的转型过程。

梁玉成认为，几乎所有的市场转型研究都将1979年至今发生在中国的社会转型归结为从计划走向市场的转型，而忽视了中国同时正在经历的以工业经济高速成长为特点的现代化转型；工业化是现代化一个非常重要的维度，没有工业化就不可能有经济发展，也就不可能有现代化。转型导致劳动力市场结构发生迅速的变迁[2]。任何经济转型都将从三个方面对劳动力市场产生深远的影响：①经济变迁导致社会中的组织特征发生变迁，例如行业种类的数量、分布、大小等均会发生变迁；②社会的职业构成发生变迁；③社会中个体的生活机遇发生变迁，人们的劳动力经验、教育经历、社会流动命运发生变迁[3]。

工业化伴随着劳动分工和劳动力在各行各业中的分布而变得更加复杂。最通常的情况是，工业化将集中在农业里的劳动力分流到制造业，最终分流到服务业。穆尔描述了几个

---

① 〔英〕安东尼·吉登斯：《社会的构成》，李康、李猛译，三联书店，1998，第172~173页。

② 梁玉成：《现代化转型与市场转型混合效应的分解——市场转型研究的年龄、时期和世代效应模型》，《社会学研究》2007年第4期。

③ Diprete, Thomas A., "Industrial Restructuring and the Mobility Response of American Workers in the 1980s," *American Sociological Review*, 1993, 18.

加强劳动分工的因素①。其中之一就是经济组织规模扩大，提高了职业分工的效率。另一个因素是技术变迁，产生了新职业。工业化变迁对劳动力市场产生的巨大影响主要表现在两个方面：①工业扩张增加内部劳动力市场流动；资本的集中化，工业组织的大企业化增加内部劳动力市场流动。②在工业化过程中，高地位工作的增加率高于其他职业，低技术工作职业减少②。

工业化导致产业结构的变化，产业结构的发展与就业结构有着密切的关系。应当说，产业结构是就业结构的物质基础，决定着就业结构和就业总规模，产业结构的变化直接引起就业结构的变化。同时，作为生产要素不可缺少的劳动力，其结构调整优化也是产业结构优化的重要条件之一。佩蒂－克拉克定理指出，随着经济发展，人均国民收入水平相应提高，于是，劳动力就开始从第一产业向第二产业转移。当人均国民收入水平进一步提高时，劳动力就会向第三产业转移。社会劳动力在产业之间的分布状况是，第一产业劳动力减少，第二和第三产业的劳动力将增加。他认为，劳动力向第二和第三产业转移的原因在于经济发展中各产业之间存在着收入相对差异，而劳动力总是从低收入的产业流向高收

---

① Willbert E. Moore, "Changes in Occupational Structures," In William A. Fraunce and William H. Form (eds.), *Comparative Perspectives on Industrial Society*, Boston: Little, Brown, 1969.

② Diprete, Thomas A., "Industrial Restructuring and the Mobility Response of American Workers in the 1980s," *American Sociological Review*, 1993, 18.

入的产业。

根据《中国统计年鉴（2008）》主要年份三次产业就业人员数统计，自1978年以来，第一产业就业人员比例下降，第二和第三产业就业人员比例逐步上升，从1994年开始，第三产业就业人员的比例超过了第二产业就业人员（见图4-1）。

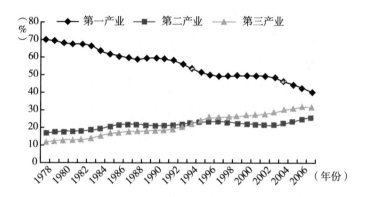

图4-1 1978～2006年中国三次产业就业人员比重

由前文分析可知，1982～2005年我国各主要职业群体结构的百分比也伴随着产业结构的变化而变化。农民比例下降，工人比例上升，商业、服务业人员的比例上升最多，办事人员和有关人员以及专业技术人员也上升两个多百分点，国家机关、党群组织、企业事业单位负责人比例变化不大。

另外，工业化出现了明显的区域差别。制造业是工业重要的组成部分之一，根据2005年1%人口抽样调查数据，制造业就业人员占第二产业就业人员比重达71.18%。根据图 4 - 2，可以明显地看出制造业分布的区域差别和集中趋势。因此，工业化是影响职业结构空间分布的重要因素之一。

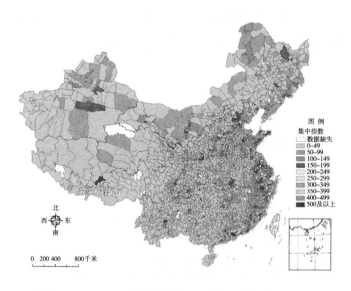

图 4 - 2　2000 年制造业行业就业人员集中指数

二　城市化

城市化是人口、地域、社会经济关系、生活方式由农村型向城市型转化的自然历史过程。它包含以下几个方面的内容：①人口集中；②地域转化；③产业转型；④生活方式变革[①]。城市化现象发端于工业革命，工业革命所带来的大规模的使用机器的生产活动，要求劳动要素相对集中，再加上工业区域劳动市场价格的吸引作用，造成了农村人口向某些

---

① 蔡禾：《社区概论》，高等教育出版社，2005，第 93 页。

中心区域迅速集中。城市的集聚效应不但推动了产业化的进程，大量人口的集中也促进了科学、文化、娱乐、教育、卫生等公共事业的发展，同时创造了就业机会。上述诸种因素的相互影响，使得工业化、城市化、市场化成为同样的一个历史进程。

城市化水平的测量是一个复杂、有争议的问题。通常，城市化水平的整体评价体系应包括下列要素：城市人口比重（城市人口实际包括非农业人口、居住城区的农业人口和流动人口）；适龄人口入学率；人均国内生产总值；城市第三产业产值占国内生产总值比重；城市人均道路铺装长度；城市用自来水普及率；城市人均住房面积；万人拥有医生数；人均公共绿地面积。考虑到数据的可获得性，非农业人口与农业人口之比被视为最接近真实水平的数据。

城市化水平的提高可以说是由农业人口向城市的流动带来的，农村劳动力向城市流动的一个必然结果就是城市化。从农村来看，始于 20 世纪 70 年代末的经济体制改革给中国农村劳动力的流动带了深刻变化（下文将再进行分析）。李若建认为，就业结构与城市化之间存在着显著相关，并且结构本身也构成了一个影响发展的因素[①]。在现阶段，城市就业人口中的工人数量是影响城市化的最重要因素。因为，大量从农村流向城市的人口从事的最主要的职业便是工人。因此，城市化水平的区域差异也会影响职业结构

---

① 李若建：《就业结构变迁对中国城市化地区差异的影响分析》，《中山大学学报》（社会科学版）2006 年第 5 期。

的空间分布。

由图4-3可知，中国城市化发展的地区差异显著，但不同时期地区差异的格局不尽相同。现阶段造成中国城市化发展地区差异的主导因素是地区经济发展和工业化进程，这种差异格局在今后较长一段时期内不会改变。

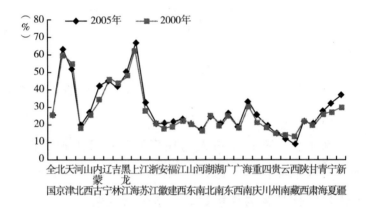

图4-3　2000年与2005年中国各省份城市化水平

三　全球化

20世纪中叶以后，全球化趋势日益明显，引起了人们的广泛关注。这种趋势不但表现在经济领域，还表现在文化、社会生活方式等多个方面。"作为一个概念，全球化既指世界的压缩（compression），又指认为世界是一个整体的意识的增强。"① 吉登斯指出："总的来说，全球化是一个范

---

① 〔美〕罗兰·罗伯森：《全球化——社会理论和全球文化》，梁光严译，上海人民出版社，2000，第11页。

围广阔的进程，它受到政治与经济两种影响的合力推动。全球化，特别是在发达国家中，在建立国际新秩序和力量对比的同时，也在改变着人们的日常生活。它并不仅仅作为当前政策的背景：从整体上讲，全球化正在使我们所生活的社会组织发生巨变。"① 吉登斯将全球化定义为世界范围内的社会关系的强化，这种关系以这样一种方式将彼此相距遥远的地域连接起来，即此地所发生的事件可能是由许多英里以外的异地事件而引起的，反之亦然②。地域性变革与跨越时空的社会联系的横向延伸一样，都恰好是全球化的组成部分。

　　中国的改革实践从农村开始，率先实行联产承包责任制，然后发展以乡镇企业为代表的农村工业；随着中国经济日益融入世界经济，大量外资的涌入带来了先进的技术、管理经验与雄厚的资本，尤其是加入 WTO 之后，中国的工业化进程进一步与全球化交织在一起。这主要体现在吸引外资与跨国公司的进入。1978 年以来，中国实行了渐进的、有地域差别的开放国策，沿海地区率先成为对外开放的桥头堡。大量外资涌入这一区域，利用沿海地区丰富的劳动力纷纷建立加工基地。1978～1999 年，沿海地区累积吸收的外资占全国总量的 84%，而且从中国吸收 FDI 总量来看，2002 年中国成为吸收 FDI 最多的国家③。另外，跨国公司也

① 〔英〕安东尼·吉登斯：《第三条道路——社会民主主义的道路》，郑戈译，北京大学出版社，2000，第 36 页。
② 〔英〕安东尼·吉登斯：《现代性的后果》，田禾译，译林出版社，2007。
③ 袁志刚、范剑勇：《产业集聚与农村劳动力的跨区域流动》，《劳动保障》2003 年第 10 期。

极大地影响了中国的职业结构以及职业结构的地域分布。商业公司，特别是跨国公司，拥有巨大的经济权力，并具有影响本国基地和其他地方的政治决策的能力[①]。不少工业生产具有深刻的全球印记。在这一背景下，我国正在成为一个"世界制造业工厂"，一个以庞大的廉价劳动力为核心竞争力的世界制造业中心。

第二节　中观机制

一　市场和再分配

由传统的计划经济体制向社会主义市场经济体制的转变，是中国经济制度转型的主要内容。在向市场转型的过程中，市场机制的兴起在很大程度上改变了结构化（阶层化）的机制，或者说，改变了阶层再生产的机制[②]。市场机制的导入引发了资源分配方式和社会选择机制的改变。这些因素正在促成社会结构的转型。原有的、在很大程度上依赖于制度安排的社会身份体系正逐渐分化并趋向一种新的社会分层体系，社会流动现象就是这种分化的表现[③]。同时，市场化的改革解除了国

---

① 〔英〕安东尼·吉登斯：《现代性的后果》，田禾译，译林出版社，2007。
② 李路路：《制度转型与阶层化机制的变迁——从"间接再生产"到"间接与直接再生产"并存》，《社会学研究》2003 年第 5 期。
③ 李春玲：《社会结构变迁中的城镇社会流动》，《社会学研究》1997年第 5 期。

家计划经济体制下对社会空间的规制和塑造约束，市场机制、经济动力正在社会空间的再建构中起着越来越重要的作用。可以说，市场转型是中国社会结构变革最重要的动力。

1. 再分配的中国社会分层机制

从吉拉斯（Djilas）20 世纪 50 年代的《新阶级》开始，西方研究共产党领导的社会主义国家的社会学者，注重政治权力作为社会分层和社会流动的机制，集中体现在"精英阶级"这一要领的应用上。吉拉斯的精英阶级指的是从事国家和经济部门管理工作的革命官僚，意指在社会主义条件下，政治忠诚和管理权力代替了经济所有权，成为人们步入社会上层的机制。泽林尼（Szelenyi）于 70 年代提出的"再分配精英"概念表明，精英阶级的经济基础是社会主义公有制及其再分配过程：这一阶级控制着生产活动，并分配公共财产所得。魏昂德基于对中国的研究，同意社会主义精英群体包括管理者精英和专业化精英两个部分的观点，但同时强调，进入精英群体的途径、标准、后果在这两个部分中是泾渭分明的。通过实证资料，魏昂德提出了政治审查和接纳的模型，分析了精英阶层的形成过程，认为社会流动结构就体现着一种政治秩序。再分配精英的研究结果表明，人们的社会流动受其政治资本和教育资本的个人层次的制约。工作单位地位的研究表明，个人所在的单位是影响社会流动的组织层次的机制。个人和组织机制是如何同时影响人们的社会经济地位观的？边燕杰和卢汉龙认为，社会主义精英既是政党国家再分配功能的代理人，又是其控制功能的代理人。前者表明，物质利益的满足将保证精英阶层较高的社会经济地位；后者表明，精英阶层在人与人的关系上处于支配地位，所以即使精英阶层未得到物质利益的满足，他们仍将产生优越感，认同较高的社会地位[①]。工作单位既是资源的再分配机构，又是一个机会控制机构。作为前者，单位的再分配能力高，则职工的社会经济地位认同就高；作为后者，单位拥有的资源和地位并不一定转化为再分配实惠，但对职工的预期职业机会有默许作用，引发职工认同较高的社会地位观[②]。

2. 市场转型论的社会分层机制

卡尔·波兰尼在其著作中对人类的经济生产方式作出了三种类型的概括，即市场经济、再分配经济、互惠经济[③]。泽林尼提出，社会主义再分配经济可能在形式上是平均主义的，但是在如何分配公共物品上是很不平等的：有再分配权力的干部享有特权，占有住房等公共物品，而无再分配权力的一般工人只能享用分配给他们的那一很小的份额。所以，拥有再分配权力是获得精英阶级地位的必要条件；没有再分配权力则表明被抛弃在精英阶级之外[④]。从波兰尼和泽林尼的观点出发，倪志伟提出，向市场经济的转变将根本改变再

---

① 边燕杰主编《市场转型与社会分层——美国社会学者分析中国》，三联书店，2002。

② 李春玲：《社会结构变迁中的城镇社会流动》，《社会学研究》1997年第 5 期。

③ 〔英〕卡尔·波兰尼：《大转型：我们时代的政治与经济起源》，冯钢、刘阳译，浙江人民出版社，2007。

④ 转引自边燕杰《市场转型与社会分层——美国社会学者分析中国》，三联书店，2002。

分配经济中以权力作为分层机制的状况。这是因为，在市场经济中，生产者和消费者可以在市场中直接见面，生产者售出产品，所获利润不再需要通过纵向的再分配体制进行"再分配"，而可以直接被生产者占有、享用。所以，再分配权力在市场经济中将不能像再分配经济那样发挥作用了①。倪志伟从三个方面概括了市场转型后的社会分层机制，即市场权力、市场刺激和市场机会，认为它将导致政治权力经济回报的降低和人力资本经济回报的提高。实证研究表明，中国正处于再分配经济和市场经济之间，再分配机制没有退出社会分层体系，与市场机制同时起作用。

市场转型论的社会分层机制遭遇干部收入随市场改革的深化而上升事实的挑战，倪志伟用空间（地区）样本代表市场和再分配两种不同的机制进行分析，认为实证结果支持权力转移论题：市场改革来临时，权力从再分配者手中转移到直接生产者手中，企业主的回报相当高，直接生产者是获利者。

倪志伟的研究反映了时空结构的重要性，也就是说中国改革开放后的社会分层呈现出差异性，这种差异性被称为地区差距，实际上是特定时空结构对社会结构的锁定。在1996年的《一个市场社会的出现：中国社会分层机制的变化》中，倪志伟将他的全国样本资料分为内地和沿海两个分样本。与沿海省份相比，内地的改革开始得晚，所以再分配经济的因素要强。在沿海地区，他认为由于政治经济发展

① Victor Nee, "A Theory of Market Transition: From Redistribution to Markets in State Socialism," *American Sociological Review*, 1989, 54.

不平衡，改革措施在各地的推行不一致，所以存在再分配、合作主义、自由放任三类不同的经济类型。在他的比较分析框架里，划分市场机制和再分配机制的类型是根据地区经济特征进行的，空间是重要的分类标准。

3. 市场和再分配的双轨社会分层机制

再分配机制是随着市场改革而日益衰落，还是以其他方式仍然发挥效力？罗纳塔斯对 1989 年前后的匈牙利进行考察后发现，干部阶层没有像市场转型论预示的那样退出历史舞台，而是在私有化过程中大获其利，昔日的共产党企业经理和政府官员，是今天股票的持有者、私有或联合经济的当家人。罗纳塔斯认为，再分配权力发生了两次变型。第一个变型是拥有再分配权力的人将权力转化成了社会网络资源，这是权力向网络资源的变型。第二个变型是社会网络资源变型为私有财产。正是通过再分配权力的变型，昔日官员、经理成为首批财产的占有者。边燕杰与罗根提出了权力维续观点，指出中国的改革是在两大制度未发生动摇的前提下进行的。一是共产党的领导地位没有受到动摇，因此保持了政治权力在控制社会方面的含义不变。二是城市单位制度未发生根本的动摇。这两种制度的持续存在和发生作用保证了政治权力对资源的控制和分配，使政治权力得到维续。再分配与市场双轨并行的观点，似乎隐含着市场就是完全的经济市场的概念[①]。白威廉和麦谊

---

① 边燕杰：《市场转型与社会分层——美国社会学者分析中国》，三联书店，2002。

生突破了这个思路，提出在经济市场发展的过程中，转型经济出现了重要的政治市场。由于政治市场影响着利益分配，并且影响着经济市场的运行，所以政治资源、政治权力在市场转型过程中将不会被贬值，对政治权力的经济回报将会持续保持优势[1]。魏昂德进一步提出"政府即厂商"，地方政府已经从事经营，以厂商的角色参加市场活动，成为经济中必要的一员[2]。它解释了为什么政府的权力作为政治权力的重要形式在改革中是得到维续的，因为政府不但以法规培育、管理市场，而且更重要的是政府直接参与市场活动，影响市场的发展。林南则以大邱庄为例，说明了地方政治权力不一定依市场转型而发生根本变化，是因为该结构的基础为家族网络。

如果说在计划经济体制下政府对社会的管制存在着绝对的过剩，那么政府逐步放松对社会经济的管制则构成了渐进式改革、双轨制环境的基本特征。因此，中国的改革也被称为"松绑式的改革"，即政府有控制地放松制度管制的改革。市场机制发挥作用的空间是政府管制逐步让渡出来的，在市场机制发育不成熟的时期，政府对市场配置资源有着较多的干预。当市场培育成熟后，市场配置资源的基础性地位就会体现。在地方政府成为"准市场主体"后，再分配机制和市场机制交织在一起，对社会结构的变迁产生了复杂的作用。

---

[1]　转引自边燕杰《市场转型与社会分层——美国社会学者分析中国》，三联书店，2002。

[2]　转引自边燕杰《市场转型与社会分层——美国社会学者分析中国》，三联书店，2002。

综上所述，中国自改革开放以来社会结构变迁的机制是复杂的。其基本分层机制关系如图 4 - 4 所示：一方面，政治权力通过政府层面的再分配和单位层面的再分配继续对个体在资源和机会的获得上产生影响；另一方面，市场机制通过产权界定和企业分配影响人们财产和收入的变化。在向市场转型的过程中，再分配权力通过政府参与市场竞争、单位、家族关系网络继续发挥作用。价格信号在引导人们在职业和区域流动方面发挥的作用越来越大，个体社会地位的上升不再单纯凭借政治权力和身份地位，通过努力私营企业主和商人成为新的社会分层机制。

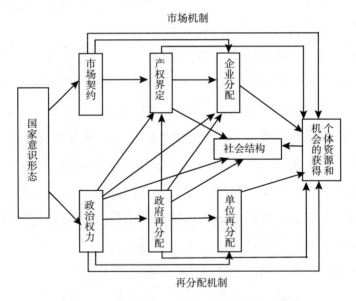

图 4 - 4　市场和再分配的双轨社会变迁机制

这样一种社会变迁机制存在两个特点。首先，国家意识形态具有主导作用。在"效率优先、兼顾公平"思想的主导下，无论是市场机制还是再分配机制，都倾向于将资源集中于少数政治、经济和商业精英手中，通过高效率的运作实现经济增长。随着市场经济改革的深入，过度集中的资源和社会财富产生了公平问题，反而阻碍了中国经济和社会的进一步繁荣。自 2002 年以来，国家意识形态发生了明显的变化。"效率优先、兼顾公平"的思想逐渐淡化，科学发展观和建设和谐社会成为中国建设和发展的主流思想。在市场和再分配机制方面，资源和收入的分配开始向大众倾斜。新《劳动法》的实施保障了劳工的权益，劳工在企业初次分配中的收入水平逐步提高。继"两免一补"在农村和城市相继实行后，国家试行基本公共服务均等化，大众在教育、医疗、就业、环保和住房方面将享受更多的公共服务。其次，个体的社会从属分为体制内和体制外。体制内的精英参与社会竞争具有运用两种机制的优势，在社会变迁过程中种种好处不落空。体制内的普通民众也享受着改革开放带来的种种好处，他们在整个社会中占有较高的社会地位。和体制内的稳定不同，体制外处于激烈的竞争和剧烈的变化中。体制外的企业和个体缺乏资源和保障，在高度不稳定的市场环境中竞争空前激烈。一方面企业的生命周期越来越短，中小企业的平均寿命由 8 年降为 4 年。另一方面职业资源非常稀缺，个人和社会都面临着非常大的就业压力。总之，这两种结构变迁机制存在张力，需要政府承担起再分配的责任，在科学发展观的意识形态主导下，建立一个能够共享改革发展成果的和谐社会。

二 国家政策

我国职业结构类型的空间分布之所以形成了当今的格局，主要是因为在经济体制改革之前，中国实行的是旨在追求缩小地区差距的平衡发展政策。在计划经济体制下，地方政府缺乏自主权，只能被动地服从中央政府，而不能因地制宜，发挥地理优势，推动本地区的经济发展。而且在这一时期，劳动力的流动，特别是农村向城市的人口流动，一直受到严格的控制。自 20 世纪 70 年代末起，中国开始改革经济体制，由计划经济逐步转变为市场经济。在改革过程中，中央政府采取了一种有利于部分沿海省份的"非平衡发展战略"[1]，这种战略显著地增强了一些省份和地区的经济活力和城市化的发展，但同时却扩大了各省份在经济发展水平上的差异。许多研究都证实了自改革开放以来地区间在经济发展水平上的不平等（特别是沿海和内陆之间的不平等）有所扩大[2]。

---

[1] Fan C. C., "Migration in a Socialist Transitional Economy, Heterogeneity, Socioeconomic and Spatial Characteristics of Migrants in China and Guangdong," *International Migration Review*, 1999, 33 (4); Yang D. L., *Beyond Beijing: Liberalization and the Regions in China*, London/New York: Routledge, 1997.

[2] Bhalla A. S., "Rural-Urban Disparities in India and China," *World Development*, 1990, 18 (8); Cai F., Wang D., Du Y., "Regional Disparity and Economic Growth in China: The Impact of Labor Market Distortions," *China Economic Review*, 2002; Chen J., Fleisher B. M., "Regional Income Inequality and Economic Growth in China," *Journal of Comparative Economics*, 1996, 22.

政策是我国社会结构变化的主要变量①，改革开放以来不平衡的经济发展政策影响了我国职业结构的空间格局。新中国削除了成立前触目惊心的社会不平等②，也致力于改善地区间经济发展的不平衡。通过国民经济计划、"三线建设"等手段，新中国在内陆省份建立了一批工业企业。改革开放后，"先让一部人富起来"，不平衡的经济政策扩大了沿海和内地的经济差距。20 世纪 80 年代初，中国先对外开放了东南沿海地区的省份，再延伸到中部地区的一些城市。直到 20 世纪末期，内陆省份才全部对外开放。在这种逐步推进的区域经济政策下，东南沿海地区迅速富裕起来，形成了以制造业为主体的产业格局，而广大的内陆地区则艰难地推进工业化。经济发展的不平衡造成了不同的产业结构，进而形成了空间格局不平衡的职业结构。东南沿海地区职业结构相对高级化，IV 类职业结构比较集中，这主要受经济政策的影响。

自从 1978 年 12 月党的十一届三中全会决定把工作重点转移到经济建设并实行改革开放的方针以来，沿着建设中国特色的社会主义道路，进行了广泛而深刻的经济体制改革，已大致经历了以下三个阶段③。

---

① 李强：《怎样看待我国社会分层的新变化?》，中国社会学网：http：//news. 163. com/07/0903/08/3NF1D3EA000121EP_ 4. html2007，最后访问日期：2012 年 8 月 29 日。

② 怀默霆：《中国社会的不平等和社会分层》，载边燕杰《市场转型与社会分层——美国社会学者分析中国》，三联书店，2002。

③ 李映映：《中国经济体制改革和社会主义市场经济体制若干问题的决定》，1994 年 5 月 12 日《人民日报》。转引自胡序威、周一星、顾朝林《中国沿海城镇密集地区空间集聚与扩散研究》，科学出版社，2000。

第一阶段（1979～1984年），改革重点在农村，通过发展多种形式的家庭联产承包责任制，调动农民发展商品生产的积极性；在城市，主要是进行企业改革试点，扩大企业自主权。1980～1982年开始兴办深圳、珠海、厦门、汕头4个经济特区，1984年宣布开放大连、秦皇岛、天津、烟台、青岛、连云港、南通、上海、宁波、温州、福州、广州、湛江、北海14个沿海港口城市和海南岛。

第二阶段（1985～1991年），改革的重点转移到城市，以增强企业的活力为中心，配套进行市场建设和价格改革、宏观管理体制改革。进一步扩大对外开放，1985年首先将长江三角洲、珠江三角洲、闽南三角区划为经济开放区，接着又将经济开放区扩大到山东半岛和辽东半岛，1988年海南建省后将海南全岛建立为全国最大的经济特区，1990年中央赋予上海浦东新区比特区还优惠的政策，使其成为长江三角洲内无特区之名而有特区之实的重要开发区。

第三阶段（1992～2000年），自1992年邓小平发表南方谈话以来，进一步解放了思想，加速了由传统的计划经济体制向社会主义市场经济体制的转轨，开始进入了建立社会主义市场经济体制的新阶段。改革由过去侧重于突破旧体制转向侧重于建立新体制，由政策调整转向制度创新，由单项改革转向综合配套改革。党的十四届三中全会通过的决定对建立社会主义市场经济体制的有关问题进行了全面的分析和阐述，并明确提出要在20世纪末初步建立社会主义市场经济体制的目标。同时将对外开放扩大到内地各省份，形成全方位对外开放的新格局。

在这种政策倾斜的情况下，1978 年改革开放以来，我国的对外开放程度基本上处于提高的过程中，沿海地区无论是在有形的运输成本上还是在无形的政策体制、社会资本上都具有内陆地区无与伦比的优势，一些计划经济时代的制造业中心开始衰落，制造业开始向外贸成本较低的东部沿海集中，在广东、福建、浙江、江苏、山东等省的一些传统农业区崛起了一批新的制造业中心。

第三节　微观因素

一　历史因素

从历史上看，中国自宋朝以来，经济、人口聚集于东部地区的格局一直延续至今。沿海省市在过去很长时期内就是经济相对发达的地区，工业基础较好，教育比较普及，人才较多，交通运输条件比较好，商业比较发达；而内陆省份以前一直是经济不发达的地区，工业基础差，教育普及率低，人才缺少，交通不便，商业也不发达。东部地区与西部地区相比，区位优势明显。经过"三五""四五"期间的大规模"三线建设"，中西部地区的现代化产业有了一定基础，但受价格扭曲的影响，中西部"双重利润"流失，区域间经济发展水平差距拉大[①]。

---

① 张敦福：《区域发展模式的社会学分析》，天津人民出版社，2001，第 59 页。

二　地理区位

从中国 2000 年职业结构分布图可以看出，职业结构形成了许多中心，不规则中心地体系的形成，主要受三大因素的影响，与区位因素有关：一是交通，二是资源分布，三是贸易。这三大因素决定了中心地的形成和分布，也影响中心地的变化。另外，改革开放以来制造业在空间上的集聚实际上有三个层次的原因，均与地理区位有关：首先，沿海地区优越的地理位置决定了它是外国直接投资的涌入地和对外贸易中心、制造业中心；其次，地理位置引发了东部沿海地区的快速工业化，而工业化的快速推进同时又为其丰富的人口作出了很大的贡献；再次，由上述两种因素决定并在东部沿海地区形成制造业的相对优势后，沿海地区相对较高的工资收入吸引了中西部地区劳动力流入[①]。

三　人口迁移流动

工业化和城市化是构成现代化的两个重要方面，而人口迁移是使工业化和城市化成为可能的人口学要素。改革开放以来，随着我国经济运行机制的转变，工业化、城市化进程不断加速，城乡之间的人口流动空前活跃。频繁的社会流动是工业社会的一种具有普遍性的社会现象，同时它也被认为是工业社会区别于前工业社会的最突出的特征。

---

① 袁志刚、范剑勇：《产业集聚与农村劳动力的跨区域流动》，《劳动保障》2003 年第 10 期。

对城乡流动人口的研究有多种理论视角，如二元经济理论、人力资本理论、供需理论（Supply-demand Theory）、同化理论（Assimilationism）等，其中最有影响的是"推拉理论"。推拉理论认为，人口迁移存在着两种动因，一是居住地存在着推动人口迁移的力量，二是迁入地存在吸引人口迁移的力量。两种力量的共同或单方作用导致了人口迁移。1889年，雷文斯坦（E. G. Ravenstein）使用英格兰和威尔士1881年人口普查的资料分析迁移原因，第一次提出了推拉理论[①]。库兹涅茨在分析19世纪至20世纪50年代美国人口再分布与经济发展的历史时指出，经济发展与人口的区域再分布相互紧密关联，互为变量。人口分布变动是适应经济机会变化的结果[②]。发展经济学家在对发达国家和发展中国家工业化和城市化过程的对比研究中，对农业过剩劳动力的转移进行了系统分析，其代表人物有 W. A. 刘易斯、费景汉、拉尼斯、M. P. 托达罗。刘易斯提出了两部门劳动力转换理论，他认为农业剩余对工业部门的扩张和劳动力向城市转移具有决定性的意义，发展只能在城市工业部门优先增长的基础上进行，经济发展是城市现代工业部门不断扩张的过程，新就业机会是由城市工业部门的不断扩大创造出来的。费景汉和拉尼斯在刘易斯的二元经济发展模型上，进一步阐述了农业剩余向工业部门转移的进程及两者之间的关系。而托达罗则认为，农业劳动者迁入城镇的动机来源于两个方面：一

---

①　佟新：《人口社会学》，北京大学出版社，2000。

②　钟水映：《人口流动与社会经济发展》，武汉大学出版社，2000。

是城乡预期收入差距，二是迁入城镇后能够找到工作的可能性，并据此提出了预期收入理论。

改革开放后，限制流动的制度因素减少。在前工业社会中，一般都存在一些法律的或习俗的制度规定，限制某些人不能从事某些职业或进入某种社会位置，同时保障另一些人垄断某些职业或社会位置。但在工业社会中，这类制度限制日益弱化，越来越多的个人可以享有选择职业的自由，这有利于个人进行社会流动[1]。农业人口进入工业部门为工业的发展提供了源源不断的劳动力，而且它促进了城乡融合，为工业部门开辟了更广阔的市场。

关于迁移对就业结构的影响，多数迁移者的职业是工人和商业、服务业人员，其次是农业劳动者和专业技术人员。迁移者中人数最少的职业是行政机关和企业事业单位负责人以及办事人员，这说明从其他地区迁移来的人，要在本地找到一个"有声望"的工作比较困难，但专业技术人员除外，因为当地缺少这种人才。迁移者的职业结构主要取决于迁入地的职业结构[2]。目前，大城市的社会经济结构使得城市离不开外来人口，在这种社会经济结构中，有一些职业是本地人不愿意从事的，因此产生外来人口就业市场，导致大量外来人口进入城区。

---

① 李春玲：《社会结构变迁中的城镇社会流动》，《社会学研究》1997年第 5 期。

② Chen, Chaonan, "Migration Selectivity and Its Consequences on the Occupants Structure in the Taipei Metropolises," *Journal of Population Studies*, 1991.

四 下岗分流*

国外学者研究过发展中国家工业化过程中的劳动力就业问题，并提出和建立了一些很有价值的就业模型，如刘易斯、费景汉和拉尼斯的二元经济劳动力配置模型以及托达罗的劳动力转移下的城镇高失业率假说等。失业率对于人口职业结构有较大的影响，它能够改变各职业群体占在业人口的比例；各地区的失业率有差异，因此可以不同程度地改变地区职业结构类型。

关于失业率时空变迁的研究比较有限。李若建运用1995年全国1%人口抽样调查数据对中国失业人口的省份分布进行了研究，指出中国的失业问题存在明显的地域特点：中西部地区失业问题严重，内蒙古、吉林与黑龙江的失业率均超过10%，西北地区失业率较高，中国南部沿海地区也是失业率偏高的地区[①]。在城镇失业方面，李若建认为，城市失业率与城市发展水平和规模有关，城市经济越不发达失业率越高，城市规模越大失业率越低[②]。根据对2000年第五次人口普查数据的分析，张车伟、吴要武指出，东部地区和西部地区的失业率相对较低，但也都超过了7%；中部地区最为严重，接近10%。大城市与中小城市的失业问题在

---

* 因为下岗分流始于20世纪90年代中期，因此，它对1990～2000年的职业结构变化有较大影响，而对1982～1990年的职业结构变化影响较小。

① 李若建：《我国的城镇贫困、失业、通货膨胀与区域发展》，《社会学研究》1998年第4期。

② 李若建：《城市失业率的空间特征》，《城市规划》1997年第4期。

严重程度上有较大差别，省会城市和特大型城市的失业问题最为严重，中小型城市的失业率低于大城市，镇的劳动年龄人口中失业率相对较低①。显然，短短数年间中国失业率的空间格局就发生了重大变化。梁艺桦、谷天锋根据《中国劳动统计年鉴》相关数据分析了 1980～2000 年各省份城镇失业人口变化速率，认为我国各省份城镇失业人口变化速率都维持在 0.8%～0.13% 之间，可分为剧变型、缓变型、相对稳定型和稳定型，天津、上海两市变化最为剧烈；1988～2003 年各省份失业人口增长幅度可分为激增型、缓增型、稳定型和递减型，以缓增型为主，激增型省份为北京、上海和湖北。他们运用 GIS 技术和 2003 年《中国城市统计年鉴》失业人数地级市数据，指出我国城镇失业人口空间呈"四区、一带"分布②。

失业率的时空变迁对于我们理解、分析和应对当今中国的就业问题具有重要意义，但已有文献对其研究不多。有限的研究都将注意力集中在城市和省一级，没能分析县级区域失业率的时空变迁，而这个层面的失业情况恰恰构成了各省份失业状况的基础。此外，这些研究多分析某一时点的失业情况的空间截面分布，即使分析了失业率的时空变化，多个数据来源也降低了其信度和效度。本研究在空间分析角度上与上述研究相似，但以县区（包括了全国范围内的城市和

---

① 张车伟、吴要武：《城镇就业、失业和劳动参与：现状、问题和对策》，《中国人口科学》2003 年第 6 期。

② 梁艺桦、谷天锋：《城镇失业人口省际差异及其与城市化耦合分析》，《经济地理》2006 年第 1 期。

有大量农业人口的市辖县）为分析单位，不但能够更加细致地说明失业状况的空间分布，而且有利于揭示这种空间分布的结构。此外，本研究是动态的刻画，力图反映 1990～2000 年各地区失业率的时空变迁。

失业率当中的一个内容是城镇登记失业率，是指在报告期末城镇登记失业人数占期末城镇从业人员总数与期末实有城镇登记失业人数之和的比重。另一个内容是人口普查。在人口普查中，将 15 岁及以上人口称为劳动年龄人口。它由在业人口和不在业人口两个部分组成。不在业人口的状况分为：①在校学生；②料理家务；③离退休；④丧失劳动能力；⑤从未工作正在寻找工作；⑥失去工作正在寻找工作；⑦其他；共计七个类型。经济活动人口包括在业人口与失业人口，其中失业人口由上述第五至第七类构成；而非经济活动人口由上述第一至第四类构成。失业率则是指没有工作者占经济活动人口的比例；就业率是指有工作的人占全部劳动年龄人口的比例；劳动参与率是指在全部劳动年龄人口中经济活动人口所占的比例。劳动力参与率是与劳动供给相关的一个重要概念，它测量的是一个国家从事经济活动的工作年龄人口的规模，是反映劳动力市场活动水平的一项总指标。

1. 当前中国的失业规模和失业率

第一，中国城镇登记失业规模与失业率。对当前失业规模及失业率的统计分析主要是按照官方正式发布的城镇登记失业人数及失业率统计口径。根据统计部门数据（见表 4 - 1），1985～2007 年，中国城镇失业规模与失业率呈逐年增加的趋势，2003 年的失业规模为历年最高，失业率为 4.3%。

表 4 - 1 中国城镇登记失业人数及失业率统计
(1978 ~ 2007 年)

年份	城镇登记失业人数(万人)	比上年增长(%)	城镇登记失业率(%)
1978	530.0	5.3	—
1979	567.6	7.1	5.4
1980	541.5	-4.6	4.9
1981	439.5	-18.8	3.8
1982	379.4	-13.7	3.2
1983	271.4	-28.5	2.3
1984	235.7	-13.2	1.9
1985	238.5	1.2	1.8
1986	264.4	10.9	2.0
1987	276.6	4.6	2.0
1988	296.2	7.1	2.0
1989	377.9	27.6	2.6
1990	383.2	1.4	2.5
1991	352.2	-8.1	2.3
1992	363.9	3.3	2.3
1993	420.1	15.4	2.6
1994	476.4	13.4	2.8
1995	519.6	9.1	2.9
1996	552.8	6.3	3.0
1997	576.8	4.3	3.1
1998	571.0	-1.0	3.1
1999	575.0	0.7	3.1
2000	595.0	3.5	3.1
2001	681.0	14.4	3.6
2002	770.0	13.1	4.0
2003	800.0	3.9	4.3
2004	827.0	3.4	4.2
2005	839.0	1.5	4.2
2006	847.0	1.0	4.1
2007	830.0	-2.0	4.0

注：以年末登记数为准。

资料来源：国家统计局人口和就业统计司编《中国人口和就业统计年鉴(2008)》，中国统计出版社，2008。

从分地区的失业率看（见表4－2），历年失业率排名前10的几个省份可以分为四个板块：一是东部沿海的上海，二是东北的辽宁、吉林、黑龙江三个省份，三是西北的宁夏、内蒙古，四是中部地区（也是最大的一个板块），如安徽、湖北、湖南、重庆、四川、贵州、云南等省份。

表4－2 中国分地区城镇登记失业率统计
（2000～2007年）

地 区	2000 年	2001 年	2002 年	2003 年	2004 年	2005 年	2006 年	2007 年
北 京	0.8	1.2	1.4	1.4	1.3	2.1	2.0	1.8
天 津	3.2	3.6	3.9	3.8	3.8	3.7	3.6	3.6
河 北	2.8	3.2	3.6	3.9	4.0	3.9	3.8	3.8
山 西	2.2	2.6	3.4	3.0	3.1	3.0	3.2	3.2
内蒙古	3.3	3.7	4.1	4.5	4.6	4.3	4.1	4.0
辽 宁	3.7	3.2	6.5	6.5	6.5	5.6	5.1	4.3
吉 林	3.7	3.1	3.6	4.3	4.2	4.2	4.2	3.9
黑龙江	3.3	4.7	4.9	4.2	4.5	4.4	4.3	4.3
上 海	3.5	—	4.8	4.9	4.5	—	4.4	4.2
江 苏	3.2	3.6	4.2	4.1	3.8	3.6	3.4	3.2
浙 江	3.5	3.7	4.2	4.2	4.1	3.7	3.5	3.3
安 徽	3.3	3.7	4.0	4.1	4.2	4.4	4.2	4.1
福 建	2.6	3.8	4.2	4.1	4.0	4.0	3.9	3.9
江 西	2.9	3.3	3.4	3.6	3.6	3.5	3.6	3.4
山 东	3.2	3.3	3.6	3.6	3.6	3.5	3.3	3.4
河 南	2.6	2.8	2.9	3.1	3.4	3.5	3.5	3.4
湖 北	3.5	4.0	4.3	4.3	4.2	4.3	4.2	4.2
湖 南	3.7	4.0	4.0	4.5	4.4	4.3	4.3	4.3
广 东	2.5	2.9	3.1	2.9	2.7	2.6	2.6	2.5
广 西	3.2	3.5	3.7	3.6	4.1	4.2	4.1	3.8
海 南	3.2	3.4	3.1	3.4	3.4	3.6	3.6	3.5

地 区	2000 年	2001 年	2002 年	2003 年	2004 年	2005 年	2006 年	2007 年
重 庆	3.5	3.9	4.1	4.1	4.1	4.1	4.0	4.0
四 川	4.0	4.3	4.5	4.4	4.4	4.6	4.5	4.2
贵 州	3.8	4.0	4.1	4.0	4.1	4.2	4.1	4.0
云 南	2.6	3.3	4.0	4.1	4.3	4.2	4.3	4.2
西 藏	4.1	—	4.9	—	4.0	—	—	—
陕 西	2.7	3.2	3.3	3.5	3.8	4.2	4.0	4.0
甘 肃	2.7	2.8	3.2	3.4	3.4	3.3	3.6	3.3
青 海	2.4	3.5	3.6	3.8	3.9	3.9	3.9	3.8
宁 夏	4.6	4.4	4.4	4.4	4.5	4.5	4.3	4.3
新 疆	3.8	3.7	3.7	3.5	3.5	3.9	3.9	3.9

注：以年末登记数为准。

资料来源：国家统计局人口和就业统计司编《中国人口和就业统计年鉴（2008）》，中国统计出版社，2008。

第二，中国实际失业规模与失业率。统计失业规模及失业率的另一种口径是实际失业水平的统计口径。这种口径除了包括登记失业人口外，还包括下岗失业人口与流动失业人口，这种统计口径可以反映一个地区的失业全貌，因此相对比较科学、全面。

在我国，通常将 15 岁及以上人口称为劳动年龄人口。它由在业人口和不在业人口两个部分组成。不在业人口的状况分为 7 类：①在校学生；②料理家务；③离退休；④丧失劳动能力；⑤从未工作正在寻找工作；⑥失去工作正在寻找工作；⑦其他。

经济活动人口包括在业人口与失业人口，笔者将失业人口定义为由从未工作正在寻找工作者、失去工作正在寻找工作者和其他三个部分组成；而非经济活动人口即由在校学生、料理家务者、离退休者、丧失劳动能力者构成。失业率则是指没有工作者占经济活动人口的比例；就业率是指有工作的人占全部劳动年龄人口的比例；劳动参与率是指在全部劳动年龄人口中经济活动人口所占的比例。劳动参与率是与劳动供给相关的一个重要概念，它测量的是一个国家从事经济活动的工作年龄人口的规模，是反映劳动力市场活动水平的一项总指标。

根据上述定义，三者之间存在着一种恒等关系：$U + O = T - E$。式中 U 代表失业者，O 代表退出劳动力市场者，T 代表劳动年龄人口，E 代表就业者。正因为这种恒等关系，在分析劳动力市场的供给行为时，仅仅使用上述 3 个指标中的某一个是不够的。

例如，作为劳动力市场中劳动力没有被使用程度的度量，失业率往往是人们观察失业严重程度的最常用指标，但在有些情况下，只依赖失业率一个指标似乎并不能完全说明失业问题的严重程度。因为那些想工作但因找工作屡遭挫折而被迫放弃了找工作想法的人，按照定义常常被归入非经济活动人口之中，不被计算为失业人员（见图 4 - 5）。从劳动供给的角度看，这部分人其实和失业者相比并没有本质的区别，只不过他们因无法提供仍然具有劳动供给的愿望而在失业统计中被视为退出了劳动力市场，这部分人被称为"遭受挫折的劳动者"。与所谓的失业者相比，这些"遭受挫折的劳动者"的情况通常更为严重。因此，在考察劳动力供给状况时，仅仅靠观察某一个指标如失业率的高低是远远不够的。在观察失业率变化的同时，还必须了解劳动参与率的变化和就业率的变化。只有同时观察失业率和劳动参与率的变化趋势，才能够正确把握劳动供给中存在问题的关键。劳动供给最为严峻的问题莫过于在失业率上升的同时伴随着劳动参与率的下降①。

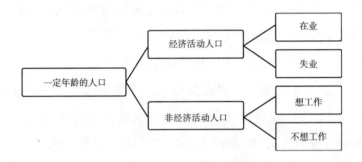

图 4 – 5　国际劳工组织对人口活动状态的分类

根据"四普""五普"汇总数据和 2005 年 1% 人口抽样调查数据可知，中国的就业存在着就业率下降、失业率上升、劳动参与率下降这种"两头低、中间高"的现象。1990 年就业率为 79.13%，2000 年为 74.10%，2005 年为 69.73%，15 年间下降了将近 10 个百分点；3 个年份的失业率分别为 1.55%、5.26%、7.41%，上升得相当快；劳动参与率在 1990 年为 80.31%，2000 年为 78.21%，2005 年为 75.31%，下降了 5 个百分点。

2. 中国就业率、失业率和劳动参与率空间分布特征

就业率、失业率和劳动参与率具有一定的地域空间特

---

① 　张车伟、吴要武：《城镇就业、失业和劳动参与：现状、问题和对策》，《中国人口科学》2003 年第 6 期。

征。笔者运用 GIS 相关技术，将我国 2000 年就业率、失业率和劳动参与率细分到各市辖区、县级市，以研究全国失业人口空间分布的县际差异（见图 4 - 6、图 4 - 7、图 4 - 8、图 4 - 9、图 4 - 10 和图 4 - 11）。

1990 年就业率在 70%[①] 以下的主要集中在东北地区，华北的内蒙古，新疆、西藏的部分地区，山西的中北部，以及福建和浙江的交界地带。2000 年就业率的空间分布特征与 1990 年相差不大，但是就业率低的面积增大了、县市增多了。2000 年就业率在 70% 以下的主要集中东北地区，内蒙古，新疆、青海、西藏等西部地区，山西和陕西，湖北和湖南，广东西翼地区，福建与浙江交界地带以及长三角地区。

1990 年劳动参与率在 80% 以下的，主要分布在东北地区，内蒙古、山西、河北等华北地区，青海、新疆、西部等地，广东东翼地区和福建北部与浙江交界等地。2000 年劳动参与率较低的地区分布与 1990 年相差不大，但面积显然有所增大。

由此可以看出，就业率低、劳动参与率低和失业率

---

① 这一数值指就业率相对较低的值，并无特殊含义。目前无就业率临界点一说，即关于就业率低于多少整个社会将处于动荡状态尚无统一的标准，这主要是因为仅仅考察就业率是远远不够的，还必须结合社会经济发展水平、社会政策等因素综合考虑。例如，北欧国家失业率高，却因为其整体较高的经济发展水平和高福利政策，社会比较稳定，不少人是自愿失业。但是我国仍处于发展中状态，社会保障政策也不尽完善，低就业率与高失业率并存的现象只能说明就业形势严峻，劳动力供给严重不平衡。以下对劳动参与率、失业率标准的界定也是如此，仅是相对而言。

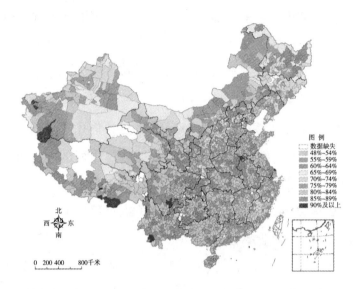

图 4 - 6 1990 年就业率空间分布

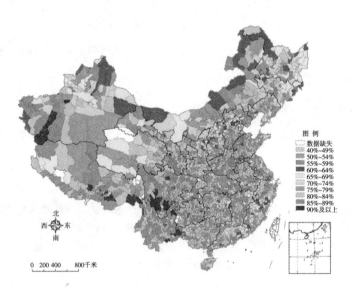

图 4 - 7 2000 年就业率空间分布

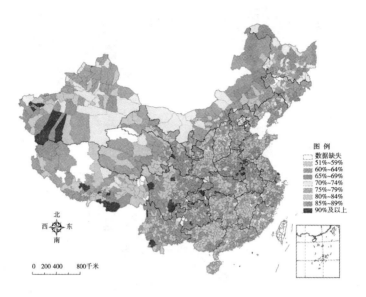

图 4 - 8　1990 年劳动参与率空间分布

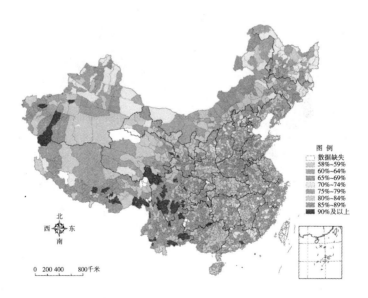

图 4 - 9　2000 年劳动参与率空间分布

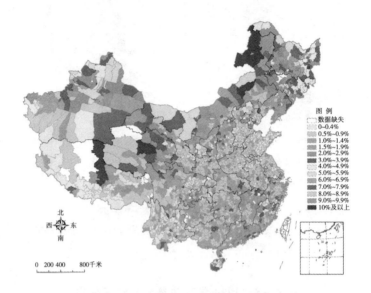

图 4 - 10　1990 年失业率空间分布

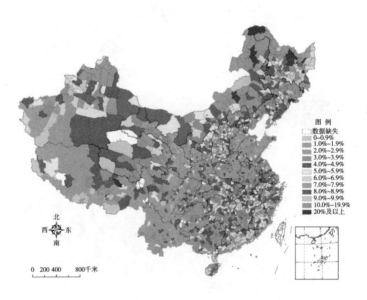

图 4 - 11　2000 年失业率空间分布

（下文将详细阐述）高的地区较一致。并且，在省界附近的就业率与劳动参与率较高，失业率也较低。

与就业率和劳动参与率的空间分布变化相比，失业率的空间分布则可以用"巨变"来形容。

失业率具有一定的地域空间特征，利用 GIS 相关技术，将我国 1990 年、2000 年失业率细分到各市辖区、县级市，可更好地刻画全国失业人口空间分布的县际差异。之所以以县为单位，是因为县是社会经济功能比较完整的基本单位，也是宏观管理的基层单位，县域经济是国民经济大系统中的小网络，是国民经济的基础区域和基本支柱[①]。随着市场经济的发展，我国县市经济社会日益呈现多样化的特点。县级（指县、市辖区、不设区的市）作为我国最能反映地域自然、文化特征和经济发展一体化的行政单位，受到各级决策部门和市场规划部门的重视，它的社会经济状况也越来越为人们所关注。概言之，"县社会是总体社会的基础和缩影"[②]。所以，笔者以各市辖区、市辖县为单位，对全国各地的失业率差别进行细致的剖析。

改革开放以来有些县市行政区划调整较大，已看不出原来的地域范围，笔者以 2000 年行政区划为准，按照"就大不就小"的原则将其合并。以景德镇市为例，在人口普查数据中，1990 年为景德镇市、浮梁县和乐平县，2000 年分

---

① 罗铁成、高为华：《加快农业县发展的金融策略》，《农业经济问题》1994 年第 3 期。

② 李培林：《我国县社会的职业群体结构》，《管理世界》1990 年第 2 期。

为昌江区、珠山区、浮梁县、乐平市，由于两个年份差异较大，笔者将景德镇的各个区、市、县均合并为景德镇市，以便于处理数据。当然，在可能的基础上，笔者还是尽量以小单位为标准的。同时，笔者剔除了一些特别的地区，如海南省的西沙群岛、中沙群岛、南沙群岛，青海的大柴旦地区、冷湖地区和茫崖地区，以及西藏自治区的盐井、碧土、妥坝、生达、隆格尔等地，主要是因为这些地区人口极其稀少，影响整体的划分。由于港澳台数据缺失，笔者不对其进行分析。以此为标准，全国共有 2337 个县（市）的数据纳入分析框架。

首先是 1990 年失业率的地区分布。以县为单位，1990年失业率最高的是湖北省沙洋县（55.97%），最低的是山东省海阳市（0.08%），平均失业率为 1.70%，标准差为2.17%，全国以县为单位计算的失业率处于很低的水平。如果把超过平均失业率一个标准差定义为相对严重失业地区，则全国共有 273 个县区失业超过 3.77%。分地区看，东、中、西分别有 79 个、83 个、111 个县区，主要集中在西部地区。分城市看，市辖县、地级市和省会城市及大城市①分别有 134 个、123 个、16 个，约 50% 的省会城市及大城市失业状况相对严重。失业率比较高（>8%）的区域有 61 个，绝大部分是县，主要位于内蒙古北部、东北的吉林和黑龙江、西北地区的新疆和青海、西南地区的四川、西藏，以及中南地区的湖北、广东。

---

① 笔者将青岛、深圳、大连和省会城市列为一类。

其次是 2000 年失业率的地区分布。2000 年失业率最高的是西藏比如县，为 42.48%，最低的是西藏拉孜县（0.08%），平均失业率为 4.76%，标准差为 4.07%，全国以县为单位计算的失业率比 1990 年上升了 3.06 个百分点。2000 年高失业率（>8%）的地区有 360 个，可以分为三个"阶梯"。第一阶梯在东部沿海地区，包括广东 18 个市辖区（广东共有 21 个地级市）和 8 个县级市；福建北部地区 18 个县区，主要是福州、宁德地区及漳州和三明市辖区；以上海为中心的长三角地区和海南岛。第二阶梯在中部地区，主要集中在湖南、湖北和江西三省的交界地带。第三个阶梯则在我国的东北、华北、西南（西北）地区，呈"哑铃"形分布。最大的一头是东北三省，其失业率最高，失业面积最集中。在 2000 年失业率为 21% 及以上的 21 个县市中，有 18 个县市集中在东北地区：辽宁省占 6 个，包括抚顺市、阜新市、鞍山市、本溪市、营口市、铁岭市 6 个市辖区；吉林省包括辽源市、四平市和白山市 3 个市辖区和龙进市 1 个县级市；黑龙江省包括鸡西市、双鸭山市、鹤岗市、齐齐哈尔市 5 个市辖区和漠河、友谊、塔河 3 个县。失业率在 8% 以上的 360 个县市中，东北地区占了 100 个，超过 1/4。另一头由新疆、青海和西藏组成；中间则是由内蒙古、山西、河北和北京组成的狭长地带。这一阶梯可以说是我国失业率"高度"最高的一级阶梯。省会城市也是失业率高发区，在失业率 8% 以上的城市中，除济南之外的每个省会城市都被纳入其中。山东省只有青岛市辖区失业率在 8% 以上，但青岛是计划单列市，是山东经济最发达的城市。

接下来我们分析一下失业率空间变化的特征。

第一，失业率的空间分布变化较大。以县为单位，1990年的失业率及其空间分布与 1982 年比较相似，但 2000 年失业率的空间分布与 1990 年相比出现了较大变化。从总体看（见图 4 - 12），失业率上升的县区有 2241 个，失业率下降（包括 2 个失业率为零的县区）的县区有 94 个。失业率上升幅度最大的是西藏比如县（42.25%），下降幅度最大的是湖北省沙洋县（51.54%）。我们排除非常极端的比如县和沙洋县后，失业率上升幅度最大的县为 29.61%，下降幅度最大的县为 9.02%，变化的均值为 3.06%，表明 1990～2000 年以县为单位的失业率大幅上升且产生了明显的地区差异。

图 4 - 12 1990～2000 年中国各县市失业率变化空间分布

第二，小部分市辖县失业率下降。除海南的三亚市及 8 个地级市和县级市外，失业率下降的区域都是市辖县，主要分布在西南地区的四川省、云南省、西藏自治区和西北地区的新疆维吾尔自治区。其中西藏自治区有 12 个县，四川省有 15 个县，新疆维吾尔自治区有 3 个地级市和 17 个县，占这一区域总数的近 1/5。失业率下降的区域大部分都是 1990 年失业率较高的地区，如三亚从 1990 年的 7.8% 降到 2000 年的 7.59%。那些下降幅度较大的地区也是 1990 年失业率最高的地区，如降幅最高的西藏班戈县 1990 年失业率达 13.45%。

第三，小部分区域失业情况更加严重。笔者对各县区失业率变化进行单变量描述性统计并绘制散点图后，对失业率上升地区作 K 聚类分析，将失业率上升地区分为 3 类（见表 4-3）。Ⅲ类［8.99，29.61］是失业率高增长地区，Ⅱ类［3.53，8.98］次之，Ⅰ类［0.02，3.52］属于小幅上升地区。在Ⅲ类地区中，内蒙古的牙克石市、鄂伦春自治旗和锡林浩特市，吉林的白山市，辽宁的鸡西市，海南的海口市失业率由 1990 年的 8.7% 以上上升到 2000 年的 18.7% 以上。Ⅱ类地区中有 9 个高失业率区域情况继续恶化，它们是内蒙古的乌海市、根河市、鄂温克族自治旗、西乌珠穆沁旗，吉林的靖宇县，黑龙江的七台河市，陕西的铜川市，青海的西宁市和新疆维吾尔自治区的伊宁市。

第四，东北地区和城市失业率变化巨大。在Ⅲ类地区中，由 1990 年低失业率地区成为 2000 年高失业率地区的区域有 107 个。东北地区有 45 个，占了 1/3 强，其中辽宁省

表 4 - 3　1990 ~ 2000 年失业率变化的县市数量空间分布

单位：个

失业率变化		地　区					
		华东	中南	华北	东北	西南	西北
上　升	Ⅰ类	17	28	17	45	0	6
	Ⅱ类	134	159	104	87	43	53
	Ⅲ类	335	307	226	47	375	232
下　降		8	7	7	3	37	32
总　计		494	501	354	182	455	323

有 14 个，吉林省有 16 个，黑龙江省有 15 个，大部分都是省会城市和地级市。中南地区有 27 个，主要分布在河南（7个）、湖南（7个）和广东（7个），同样集中在省会城市和地级市辖区，但失业率要比东北地区低。华东有 14 个，主要分布在长三角地区。华北地区有 17 个，主要分布在天津、河北和山西。西北地区只有 6 个县，大都集中在新疆。城市特别是省会城市成为失业率高增长地区。有 9 个省会城市和上海、天津 2 个直辖市由低失业率地区变为高失业率地区，大部分属于华东地区和东北地区。有 76 个地级市或县级市由低失业率地区变为高失业率地区，其中华东地区有 11 个，中南地区有 24 个，华北地区有 10 个，东北地区有 31 个，大部分位于东北和中南地区。

第五，中度变化产生了多样化结果。Ⅱ类地区中既有高失业率持续恶化的，也有低失业率演变为高失业率的，还有失业率上升但不算很高的区域。高失业率持续恶化的地区上文已述。1990 ~ 2000 年，由低失业率转变为高失业率的地区有 205 个，中南地区（51 个）和东北地区（48 个）占了几乎近一半。分省份来看，主要集中在山西（14个）、内蒙古（11个）、吉林（14个）、黑龙江（28个）、浙江（10个）、福建（13个）、广东（18个）、新疆（12个）。有16个省会城市，占全部省会城市的一半多。有120个建制市，主要分布在福建（8个）、广东（14个）、河南（7个）、黑龙江（12个）、吉林（9个）、内蒙古（6个）和山西（6个）。失业率上升但仍属于低失业率的区域有366个，分地区看主要集中在华东地区（96个）和中南地区（108年）。分省份看，主要在福建（14）、广东（30）、河北（17）、黑龙江（16）、湖北（29）、湖南（29）、江西（22）、辽宁（14）、山西（41）、陕西（14）、四川（16）、浙江（22）。

第六，大部分地区失业状况比较稳定。Ⅰ类地区共有1522个。其中保持高失业率状态且略有增长的有7个，分别是内蒙古的霍林郭勒市和额尔古纳市、黑龙江的五大连池市、福建的石狮市和霞浦县、青海省的格尔木市和德令哈市。从低失业率上升到高失业率的地区有14个，分别是内蒙古的苏尼特右旗和额济纳旗，黑龙江的尚志市和汤原县，浙江的温州市和苍南县，福建省的福安市和鹰潭市，广东省的揭阳市，贵州的万山特区，以及新疆的乌鲁木齐市、哈密市、昌吉市、和静县。其余地区失业率虽有小幅上升，但失业率仍然较低。从总体看，失业率的变化在空间分布上呈现出区域特征。①城市失业率普遍大幅升高，省会城市最为严重。②东北地区的失业率无论是变化幅度还是涉及面都非常大。③中南和华东地区的失业率上升幅度较大。④1990年失业率高的60个地区产生分化，32个地区继续保持高失业

率甚至恶化，其余地区则下降了。⑤山东只有青岛市失业率
和变化幅度超过了8%。⑥四川、西藏、新疆等省份失业率
变化存在很大的内部差异，大幅上升和下降同时存在。这些
特征初步形成了失业率区域分布的"带""串"和"圈层"
结构。"带"指东北、内蒙古、新疆一条几近连续的高失业
率地带。"串"指珠三角地区、福建、长三角地区、环渤海
地区形成的一条东南沿海不连续区域。"圈层"指以武汉、
长沙、南昌为中心的中部地区和以太原、石家庄和郑州为中
心的区域，这些失业率较高的核心地区和周围的低失业率地
区形成中心—外围结构。如图4-13所示，这种圈层结构有
两种形态，以省会城市、地级市和县构成的三层结构，以及
以市、县为主形成的双层结构。串式结构中的各区域内部也
具有这样的特点。

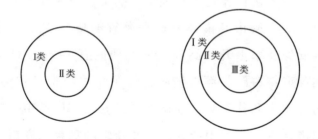

图4-13 1990~2000年中国各县市失业率变化圈层结构类型

3. 高失业率成因探讨

为什么1982~1990年各地失业率变化不大，而1990~
2000年失业率的时空变迁具有显著的区域特征？显然，这
与我国20世纪90年代的快速市场转型有关，也与工业化和

城市化密切相关，这三大发展力量造成各地区的就业结构发生变化，影响了失业率的时空变迁。

（1）市场化。从市场供需角度看，劳动力供大于求就造成了失业。我们把参加经济活动的人口视为劳动力供给，可用劳动参与率来表示劳动力供给的情况；将有工作的人口看成市场对劳动力的实际需求，就业率就体现了劳动力需求的变化。那么，失业人口就是劳动力市场中过度供给的劳动力，失业率则反映了劳动力市场供需不平衡的状况。在市场经济发育过程中，各地劳动参与率和就业率的巨大差异，造成了失业率的时空变迁。

以县为单位，1990～2000 年中国劳动参与率平均下降了 0.49%，就业率下降了 2.79%。劳动参与率下降幅度比较大（>8%）的区域有 132 个，华东地区（34 个）相对平均地分布在上海、江苏、浙江、安徽、江西和山东，中南地区（34 个）主要分布在广东、湖南、河南和湖北，华北地区（24 个）集中分布在河北的 14 个市县，东北地区（14个）辽宁省（10 个）占了绝大多数，西南地区仅有 6 个市县，西北地区（20 个）集中在新疆的 12 个市县。从城乡角度看，省会城市和大城市、地级市和县级市、县分别为 17个、73 个和 42 个，省会城市和大城市的比例超过 50%。就业率大幅下降（>8%）的区域有 363 个，主要分布在华东地区（104 个）和中南地区（95 个），省会城市和大城市除广州和拉萨外均位列其中，还有超过 1/3 的地级市和县级市。

从理论上讲，最好的情况莫过于在劳动参与率、就业率上升的同时失业率下降，在 66 个这样的市县中有 50 个是西北和西南地区的县；最差的情况是劳动参与率、就业率下降而失业率上升，这样的区域有 1268 个，超过总体的一半，说明中国的劳动就业状况在 1990～2000 年严重恶化。分地区看，华东地区和中南地区比较严重，分别占本地区区域数的 76% 和 61%。分省份看，安徽、广东、河北、河南、湖北、湖南、江苏、江西、山东、山西、陕西、四川和浙江的市县数比较多。所有的省会城市和大城市都是"双降一升"的区域。

从总体看，1990～2000 年中国人口总量增加，但劳动力市场的需求比例比供给比例下降更快，造成失业率大幅增加。各地在劳动力市场供需方面存在很大差异，造成失业率变迁存在地区差异。经济发达地区及大多数城市出现劳动参与率降低、就业率降低和失业率升高的"两低一高"现象，产生了经济增长理论所预期的"城镇失业率高"现象。但是，小部分计划体制下经济非常落后的西部地区县级单位出现了截然相反的情况，劳动就业状况向好。这提示我们，某些地区劳动就业状况恶化不仅是市场化的结果，而且是国家放弃充分就业承诺、允许国企下岗分流的结果。为什么各地的劳动就业表现不同？我们需要进一步分析各地就业产业结构的变化。

（2）工业化。工业化导致产业结构的变化，产业结构的发展与就业结构有着密切的关系。产业结构是就业结构的物质基础，决定着就业的结构和规模，产业结构的变化直接引起就业结构的变化。配第 - 克拉克定理指出，随着经济发展和人均国民收入水平的提高，劳动力向相对收入较高的部门转移，先从第一产业流入第二产业，再转移到第三产业。刘易斯进一步指出，这一过程中由于发展中国家人口增长迅速，农业部门释放的劳动力不能被制造业完全吸收，就业机会的扩大主要在服务业领域。在中国这样的人口大国，如果制造业、服务业不能吸收农村转移出来的劳动力，大规模失业将不可避免。

　　笔者将第三产业细分为流通部门、为生产和生活服务的部门、为提高科学文化水平和居民素质服务的部门，以及为社会公共需要服务的部门，运用"六部门分类法"来分析1990~2000年就业的产业结构变化对失业率时空变迁的影响。1990~2000年，农业的就业比例平均下降了5.31%，有496个区域农业的就业比例增加。县有358个，西南地区（96个）最多，华东地区（9个）最少。地级市和县级市共有134个，东北地区有58个，中南地区25个，其余地区分布比较平均。省会城市和大城市有4个，分别是东北的沈阳市和哈尔滨市、中南的武汉市、西北的西宁市。除了某些宜农区域外，显然一些区域出现了就业产业结构的退化，尤其是几个省会城市。工业的就业比例平均增加了0.5%，有973个区域人口的工业就业比例下降了，华东、中南、华北、东北、西南、西北地区分别有85个、199个、152个、171个、193个和173个，分别占本地区的17.1%、38.8%、38.4%、91.9%、42%和53.4%，东北地区工业就业人口比例出现了大面积的萎缩。除广州市外，其余30个省会城市和大城市工业就业人口比例全部下降。第三产业中流通部门的就业比例平均增长了 2.65%；有 249 个区域下降，主要是县级区域，西南和西北占了近一半。为生产和生活服务的部门的就业比例平均增长了 1.22%；有 133 个区域下降，主要分布在西南（57 个）和西北（47 个）。为提高科学文化水平和居民素质服务的部门的就业比例平均增长了 0.32%；有 594 个区域下降，主要分布在西北（132 个）、西南（130 个）和华北（121 个），东北地区有 47.8% 的市县出现了就业比例下降。有 12 个省会城市和大城市为提高科学文化水平和居民素质服务的部门的就业比例下降，其余多是县。为社会公共需要服务的部门的就业比例平均增长了 0.37%；有 563 个区域下降，西南地区绝对数最多（145 个），东北地区有 41.9% 的市县就业比例下降。省会城市、地级市和县分别有 23 个、158 个和 382 个，大部分省会城市为社会公共需要服务的部门的就业比例下降。

第一产业就业人口比例下降且第二、第三产业就业人口"双升"的区域有 1305 个，华东、中南、华北、东北、西南、西北分别有 409 个、299 个、201 个、11 个、245 个和 140 个，华东地区就业的产业结构变化情况最好，东北地区只有 6% 的市县是良性变化的。呈"一升二降"情况的区域有 198 个，主要是县，西南和西北合计超过了一半，西藏和四川分别有 37 个和 21 个。第一、第三产业就业人口比例下降而第二产业上升的区域有 17 个，全部在西南和西北。第一、第二产业就业人口比例下降而第三产业上升的区域有 517 个，主要集中在中南、西南和西北。

从总体看，第一产业劳动就业人口比例下降转移出的大量劳动力主要被第三产业吸收，工业对劳动力的吸纳比较有限。在第三产业中，主要是流通部门以及为生产和生活服务的部门就业比例增加，而多由财政支持的为提高科学文化水平和居民素质服务的部门以及为社会公共需要服务的部门对第三产业就业的贡献不大。各地区产业的就业结构的变化存在很大差异，尤其是东北地区的市县人口在工业部门就业的比例出现大面积下滑，就业结构的巨变导致下岗再就业和对新增就业人员的严格要求，使得失业率的空间分布产生区域性特征。

　　（3）城市化。城市化是人口、地域、社会经济关系、生活方式由农村型向城市型转化的自然历史过程。它包含以下几个方面的内容：①人口集中；②地域转化；③产业转型；④生活方式变革①。城市化现象发端于工业革命，工业革命所带来的大规模的使用机器的生产活动，要求劳动要素相对集中，再加上工业区域劳动市场价格的吸引作用，致使农村人口向某些中心区域迅速集中。城市的集聚效应不但推动了产业化的进程，大量人口的集中也促进了科学、文化、娱乐、教育、卫生等公共事业的发展，同时创造了就业机会。城市化水平的测量是一个复杂的、有争议的问题，考虑到数据的可获得性，非农业人口与农业人口之比被视为最接近真实水平的数据。由于城市化对失业率的影响与市场化、工业化有交叉之处，且前文对不同级别城市的失业率已经作了说明，这里不再赘述。

---

　　①　蔡禾：《城市社会学：理论与视野》，中山大学出版社，2005。

4. 失业率时空变迁影响因素的计量分析

（1）模型和数据。根据上述分析，我们分别建立市场化和工业化对失业率空间分布影响的计量模型，独立分析市场化机制下劳动参与率、就业率变化和工业化机制中就业的产业结构变化对失业率空间分布的影响，再建立一个两种机制共同作用的计量模型，综合分析各种因素对失业率空间变迁的影响。

模型1：$Unemployment = \alpha + \beta_1 Participation + \beta_2 Employment$

模型2：$Unemployment = \alpha + \beta_1 Ind1 + \beta_2 Ind2 + \beta_3 Ind3\_1 + \beta_4 Ind3\_2 + \beta_5 Ind3\_3 + \beta_5 Ind3\_4$

模型3：$Unemployment = \alpha + \beta_1 Participation + \beta_2 Employment + \beta_3 Ind1 + \beta_4 Ind2 + \beta_5 Ind3\_1 + \beta_6 Ind3\_2 + \beta_7 Ind3\_3 + \beta_8 Ind3\_4$

Unemployment 为各地失业率的变化，Participation 和 Employment 分别表示各地劳动参与率和就业率的变化，Ind1 和 Ind2 表示各地区第一、二产业劳动者就业比例的变化，Ind3_1、Ind3_2、Ind3_3、Ind3_4 表示第三产业当中流通部门、为生产和生活服务的部门、为提高科学文化水平和居民素质服务的部门以及为社会公共需要服务的部门就业比例的变化。运用1990年人口普查数据和2000年人口普查数据，笔者对失业率的时空变迁及其影响因素的数量关系进行了多元回归分析。

（2）结果和发现。运用Stata10.0软件进行多元回归分析，结果如表4-4所示。在市场化模型中，劳动参与率的变化和就业率的变化高度显著，劳动参与率的增加会提高失业率，而就业率的提高则会降低失业率。劳动参与率变化的系数略小于就业率变化的系数,表明在同等增加一个百分点的情况下,就业率的提高可以有效地抵消劳动参与率增加对失业率所带来的不利影响。但是,如果同等下降一个百分点,失业率反而增加。很不幸,1990~2000年的中国就是这样,整体就业率比劳动参与率下降得更快,导致了失业率大幅上升。市场化条件下,不同地区的劳动参与率和就业率变化很大,导致失业率的地区分布出现了很大差异。

表4-4 各地失业率变化和影响因素之间关系的回归分析结果

Unemployment	模型 1	模型 2	模型 3
Participation	1.406***		1.355***
Employment	-1.457***		-1.400***
Ind1		-0.635***	-0.142***
Ind2		-0.753***	-0.162***
Ind3_1		-0.431***	-0.128***
Ind3_2		0.074	-0.088***
Ind3_3		-0.249*	-0.107***
Ind3_4		-0.600***	-0.143***
cons	-0.309	1.424	-0.312
R^2	0.9806	0.4288	0.9842
N	2309	2309	2309

注:显著性水平 $* P < 0.1$,$** P < 0.05$,$*** P < 0.01$。

在工业化模型里,并非所有产业的就业比例提升都会导致失业率降低,为生产和生活服务的部门就业比例的提升会增加失业率,但其显著性水平未通过检验。在所有就业的产业结构变化中，工业就业比例的提高最有利于减少失业率，工业就业比例每提高一个百分点，失业率就会降低 0.753 个百分点。反之，也会造成严重的失业。东北地区就是如此，出现了大面积的工业就业比例萎缩，失业率及其增加量高得惊人。在第三产业中，为社会公共需要服务的部门就业比例的增加对减少失业率的贡献最大，其次是流动部门。根据上文对各区域就业的产业结构变化的分析，在差异很大的情况下，各地区失业率的时空变迁不尽相同也就不足为奇了。就业产业结构的变化对于失业率的时空变迁也具有较强的解释力，其决定系数达 0.4288。

综合模型中所有变量都具有高度的显著性，除劳动参与率的增加对失业率具有正向作用外，其余变量的增加都有利于减少失业率。劳动力供需的变化对失业率仍然影响巨大，其系数远远高于就业的产业结构的系数。工业化的所有变量中工业就业比例的系数最大，表明增加工业就业的比例对于降低失业率最有效。如果我们将第三产业的四个部门合并，它的系数远大于工业就业比例，说明发展第三产业是减少失业最有力的手段。将市场化变量和工业化变量纳入一个模型后，为生产和生活服务的部门的就业比例的变化对于失业率的影响变得显著了，整个方程的解释力也得到了提升。综合模型的分析表明，失业率时空变迁的影响因素较为复杂。

5. 小结

本研究不但描述了 1990 年和 2000 年失业率的地区分布，也说明了 1990 年和 2000 年不同区域失业率的变化情况。对于以县为单位的失业率时空变迁的分析，使我们看到了一个各地失业率多变的中国，反映了中国社会变迁代价的空间分布。由于缺乏社会保障，这种代价在微观层次上是下岗失业人员承担了体制转型的成本，宏观层面则是社会不平等在整个中国和特定区域的扩大。

从整体看，中国失业状况恶化了，并且在空间分布方面形成了特定结构。但是，不同区域的变化不同，小部分市辖县失业率下降，小部分区域失业情况雪上加霜，东北地区和城市失业率大幅上升。由于失业与收入密切相关，失业率的提高会扩大收入差距，失业率的时空变迁也从一个侧面体现了中国社会不平等扩大的情况。也就是说，相对于 1982～1990 年，1990～2000 年的中国社会更加不平等。除了小部分区域的平等情况有所改善外，大部分地区的平等状况变差了，东北地区和小部分区域的平等情况严重恶化，城市内部的不平等在加剧。

如此分布的社会变迁代价与社会差距的拉大，与国家和市场的作用密切相关。尽管自 1978 年就开始了市场转型，但 1990 年的劳动人事关系仍然沿袭了传统的计划体制。社会主义国家承诺给予国民最大福利，实现充分就业，所以，在国家配置劳动力资源的机制仍然占主导地位的情况下，1982～1990 年各地的失业率也就没有什么显著变化。1990 年失业率高的地区也是那些经济非常落后的地区，国家在缺乏就业机会的情况下难以安排这些人口就业。1992 年党的十四大宣布建立社会主义市场经济后，国家逐步放弃了计划体制下安排就业的承诺。正是国家分配机制的退出，使得依赖于此的国企职工在企业倒闭后不得不下岗。也就是说，国企下岗职工承担了劳动就业体制转型的成本。由于20世纪90年代中后期对大中专毕业生不再包分配，他们也承担了部分成本。劳动力市场的发育不仅让依靠国家分配机制的体制内人员靠市场机制寻求工作，而且将农村剩余劳动力转移了出来，形成了向东南沿海发达地区流动的民工潮。

在政府分配和市场配置互相交错的情况下，计划经济体制下失业率较高的区域受益于市场经济的发展，失业率下降了，甚至一些区域出现劳动参与率和就业率提高、失业率下降的向好趋势。但是，计划体制下国有经济比重高的地区，在市场转型过程中国家如果允许国企倒闭，并且市场机制没有创造出新的就业岗位，则失业率会大幅攀升。东北地区就是如此，1996年全国工业总产值中国有工业的比重为28%，而东北地区为44%。以武汉、长沙、南昌为中心的中部地区和以太原、石家庄和郑州为中心的区域类似于此，只不过情况稍好。这些地区失业率的升高表面上看是不适应市场机制的结果，实际上国家分配机制的迅速退出也影响巨大。东南沿海地区的串形结构与此不同，它们的国有经济比重并不很高，市场化过程中制造业的就业迅速发展，失业率升高的重要原因是外来人口的流入。据此，我们认为市场和国家一起造成了各地失业率的差异，也就是说，市场经济发展水平的高低和国家机制退出程度的不吻合造成了社会变迁代价的地区差异，扩大了社会的不平等。

国家和市场作用的直接表层原因是经济结构和产业结构

的调整，使得各地区就业的产业结构发生了变化。在农业就业方面，除了西部地区和东北、华北等传统农业开发地区就业出现增长外，其他地区快速释放出了大量农村剩余劳动力。工业就业方面的差异更大，东南沿海地区的制造业发展取代了原来的国有工业，新增就业机会不但促进了本地就业，还吸引了大量外来人口就业。而中西部国有经济比重较高的一些地区在结构调整过程中，并没有发生产业替代或升级，而且是出现了工业萎缩情况，造成失业率的大幅增加。第三产业的就业普遍增加，只不过幅度不同。这极易使人误以为各地失业率的差异只是经济发展水平不同的结果，忽视国家的作用。在强国家、弱市场的情况下，国家对于产业结构的调整具有很大的影响。

对于目前依旧严峻的就业形势而言，上述失业率的分析仍然具有现实意义。首先，在政府机制持续减弱、市场机制不断强化的情况下，政府和市场在劳动就业方面应分别扮演不同的角色，两条腿走路，协调处理劳动就业问题。市场在配置人力资源方面已经起到了主导作用，企业是创造就业机会的主体。政府虽然在就业方面发挥的作用有限，但是在应对失业所需要的社会保障方面责无旁贷。其次，在存在较大地区差异和不平衡的情况下，应建立全国统一的就业保障体系和失业救济体系，共同负担转型过程中的成本，减少社会不平等。再次，要大力发展就业型产业。任何一个产业的发展都会促进劳动就业，但工业和第三产业的发展对减小失业率的影响较大。在工业化水平不高的情况下，不但要加强第三产业的发展，还要提高工业化的水平。

五 行政层级的原因（或分析单位本身的问题）

笔者的分析单位主要为各市辖区和县级行政区。在中国，市辖区为直辖市和较大城市（指地级市）城区划定的行政分区，直辖市的市辖区属于地级行政区，其余的属于县级行政区。市辖区的行政分区为乡级行政区，大城市和发达地区的市辖区管辖的区域以街道为主，工业化、城市化发展过程中的城市以镇、乡为主。市辖区与其他县级行政区比较，显著的特点就是为城市主体的一部分；人口密度大，流动人口集中；居民以城镇人口为主或占有很大比例；文化、经济和贸易发达。因此，各市辖区的商业、服务业人员和国家机关、党群组织、企业事业单位负责人等第三产业人口的比例会相对高一些。同时，由于改革开放以来国家采取"以工业反哺农业"的措施，城市郊区的工业也相对发达，因此形成了如图 2-2 所示的职业结构类型分布的环形格局。

六 经济发展、区域差异对全国人口职业结构变动的影响

为了更好地考察经济发展对人口职业结构变动的影响，笔者以 2000 年的行政区划为准，剔除了一些数据缺失的县市，以全国 2311 个市辖区、市辖县为对象，利用全国第四、第五次人口普查的分县职业结构数据，建立了多元回归模型。1990~2000 年各职业比例的变动为因变量，经济发展为自变量，引入了 6 个虚拟变量，即全国的 6 个地区，用以分析职业结构变动与区域经济差异的相关程度（参见第二

章第四节)。因为在方程中引入"华东"变量时,存在高度的多重共线性现象,为了消除这种影响,笔者将这个自变量剔除。这个回归模型如下:

$$Y_i = \beta_0 + \beta_1 NY + \beta_2 GY + \beta_3 S_1 + \beta_4 S_2 + \beta_5 S_3 + \beta_6 S_4 + \beta_7 HB$$
$$+ \beta_8 DB + \beta_9 ZN + \beta_{10} XN + \beta_{11} XB + e(i = 1,2,3,4,5,6)$$

$$(4 - 1)$$

其中 Y_i 表示 1990～2000 年间第 i 类职业比例的变动,以 2000 年该职业就业人口所占的比重与 1990 所占比重之差表示。NY 表示第一产业(农业)人口占在业人口比例的变动,GY 表示第二产业(工业)人口占在业人口比例的变动,S_1、S_2、S_3 和 S_4 分别表示第三产业的四个层次从业人员占在业人口比例的变动。HB、DB、ZN、XN 和 XB 则表示华北、东北、中南、西南和西北 5 个虚拟变量,用以分析区域发展差异对职业结构变动的影响。e 为残差。

由表 4-5 可知,1990～2000 年,全国职业结构变动与行业结构变动紧密相关,这体现了经济结构变化的规律。我们需要重点考察的则是职业结构变动与地区差异的关系。国家机关、党群组织、企业事业单位负责人在华北与中南地区的比重呈显著下降趋势,而在东北地区则有明显上升趋势;专业技术人员的比重在中南、西南和西北显著增长,而在东北地区反而呈显著下降趋势;商业、服务业人员在中南、西南和西北等地所占的比重明显上升,而在东北地区呈显著下降趋势,这也在一定程度说明了东北地区工业发展滞后;生产、运输设备操作人员及有关人员所占比重与各地区的经济发展均呈正向变动关系，说明全国正处于一个全面工业化的时期；相反，农、林、牧、渔、水利业生产人员则在各地均呈显著下降趋势。

表 4 - 5 1982 ~ 2000 年全国分职业的多元回归系数

产　业	国家机关、党群组织、企业事业单位负责人	专业技术人员	办事人员和有关人员	商业、服务业人员	生产、运输设备操作人员及有关人员	农、林、牧、渔、水利业生产人员
第一产业（农业）	- 0.215 *	- 0.060	- 0.252 **	- 0.485 ***	0.919 ***	0.102
第二产业（工业）	- 0.115	- 0.011	- 0.257 **	- 0.449 ***	1.591 ***	- 0.687 **
第三产业（流通部门）	- 0.080	- 0.079	- 0.163	0.214	1.185 ***	- 0.949 ***
第三产业（为生产和生活服务的部门）	- 0.102 **	0.021	0.156	0.115	0.408	- 0.409
第三产业（为提高科学文化水平和居民素质服务的部门）	- 0.170	0.886 ***	- 0.020	- 0.592 ***	1.130 ***	- 1.295 ***
第三产业（为社会公共需要服务的部门）	0.006	0.010	- 0.165	- 0.493 ***	0.978 ***	- 0.157
华北	- 0.069 ***	0.041	0.137 **	0.105	1.836 ***	- 2.324 ***
东北	0.186 ***	- 0.355 ***	- 0.115	- 0.633 ***	1.705 ***	- 0.259
中南	- 0.239 **	0.281 ***	0.092	0.552 ***	1.009 ***	- 1.914 ***
西南	- 0.090	0.313 ***	- 0.091	0.467 ***	1.360 ***	- 2.139 ***
西北	0.070	0.352 ***	0.027	0.361 ***	1.177 ***	- 1.958 ***
R^2	0.260	0.677	0.502	0.813	0.779	0.860

注：显著性水平 * $P < 0.1$，** $P < 0.05$，*** $P < 0.01$。

第五章　总结与探讨

第一节　主要结论

一　中国职业结构存在的问题

当前我国社会学界和经济学界有一个相当普遍的看法，那就是解决就业问题比解决经济增长速度问题更重要，政府应该把解决就业问题当成首要任务来抓。目前我国每年有高达 600 多万失业人员，下岗工人中有 700 多万人没有找到工作，农村还有大量剩余劳动力（有 1.5 亿 ~ 2 亿人），每年全国新增 1400 多万劳动力[①]。

20 世纪 90 年代中期开始的"下岗分流"给城镇职工带来了巨大的冲击，"失业"问题随之成了中国经济转轨过程中必须重视的问题。长期以来，我国的就业问题从性质上来

[①] 王春光：《中国职业流动中的社会不平等问题研究》，《中国人口科学》2003 年第 2 期。

看既是总量的矛盾又是就业结构性的矛盾问题。

首先，总量矛盾。自 1990 年以来，全国的就业率下降和失业率上升并存。低的就业率意味着一个庞大的群体需要社会供养和大量劳动力资源没有得到充分利用，而且，由于城镇人口的收入来源越来越集中在劳动收入上，就业率低同时也意味着缺乏生活来源人口数量的增加。就业困难群体增多，长期失业人员增多，除下岗失业人员增多外，大学生就业难问题也逐渐增多。以广东省为例，广东省是我国劳动力最密集的地区之一，据测算，"十一五"期间，广东省城镇每年需解决就业的劳动力达 140 万人左右，而每年经济增长能够提供的就业岗位大概是 100 万个，供求缺口为 40 万个左右。并且，农村富余劳动力转移的就业压力也加大，"十一五"期间，广东省共需转移农村劳动力约 400 万人，平均每年 80 万人，任务十分艰巨①。中共中央、国务院于 2002 年 9 月召开了全国再就业工作会议。时任副总理的吴邦国同志在全国再就业工作会议的报告中，更是把当时城镇的严峻就业形势形象地描述为"三头碰"，指出："我们正面临城镇新增劳动力就业、农民工进城打工和下岗失业人员再就业'三头碰'的局面。"②

---

① 广东省人民政府办公厅：《广东省就业"十一五"规划》，http://www.gd.lss.gov.cn/gdlss/zcfg/zxzcfg/t20061204_15009.htm，最后访问日期：2006 年 9 月 21 日。

② 中国社会科学院人口与劳动经济研究所：《城镇就业与失业问题研究——2000 年第五次全国人口普查数据分析》，载国务院人口普查办公室、国家统计局人口和社会科技统计司编《转型期的中国人口》，中国统计出版社，2005。

其次，就业结构性矛盾。劳动力就业存在着供求结构方面的失衡，即一部分岗位存在的劳动力过剩和另一部分岗位劳动力相对短缺之间的矛盾。主要表现在：普通劳动力多，紧缺的专门人才少；体能型劳动力多，技能型劳动力少；初级技工多，中高级技工少，新的产业和企业招不到合格技工；大学生毕业群体规模增长，青年就业压力大；下岗失业人员多，就业难。

另外，就业的结构性问题还指就业存在着地区间的不平衡。在劳动供给压力大的地方，对劳动力的需求严重不足，其结果，劳动力必然从供给压力大的地方流向供给压力小的地方，这就是导致农村劳动力不断加速向城镇地区流动的主要原因。伴随着经济增长，经济结构和就业结构会不断发生变化，具体表现为有些行业和部门会不断吸纳劳动力就业，而有些行业和部门不仅不能吸纳新的劳动力就业，而且还通过裁员的办法排斥劳动力就业，始于20世纪90年代中期的国有企业职工的大规模下岗就是这类结构性矛盾的具体体现[1]。

二　中国职业空间结构存在的问题

如前所述，职业是一种社会地位的评价指标，它包括权力、财富、声望。职业代表个人阶层地位，而由群体形成的

---

[1]　中国社会科学院人口与劳动经济研究所：《城镇就业与失业问题研究——2000年第五次全国人口普查数据分析》，载国务院人口普查办公室、国家统计局人口和社会科技统计司编《转型期的中国人口》，中国统计出版社，2005。

职业结构也在一定程度上反映了地区的社会经济发展水平①，因此职业结构类型的空间分布也具有了更深刻的含义。

1. 区域分布不均衡，高级职业结构明显向沿海地区倾斜

本书第二章阐述了职业结构类型的空间分布，得出了以下结论：①I 类和 II 类职业结构在东部沿海地区几乎没有分布。②III 类职业结构属于农民比例仍占据相对优势，但工业已有一定发展。这在全国各省份均有一定数量的分布。③沿海地区职业结构类型较高级，IV 类职业结构主要分布在沿海地区。IV 类职业结构除少数内陆县市外，绝大部分分布在福建闽南金三角、广东珠江三角洲以及长江三角洲地区（上海、江苏、浙江等地），其中包含了众多全国百强县。④V 类分布：除几个较为发达的县级市以外，这类职业结构星罗棋布地散落在全国的各个市辖区。

从这几种职业结构类型的空间分布我们可以看出发达县（市）与不发达县（市）的空间分布特点：第一，发达县（市）（百强县）主要分布在东部沿海地区，集中于长三角、珠三角以及环渤海三大经济圈，不属于上述三个地

---

① 笔者只能认为职业结构在"一定"程度上反映地区社会经济发展水平，这是因为笔者使用的是结构分析方法。但是，在各个环节上、各个点上可能差异很大。例如，有的地区以农业生产为主，农民占在业人口的比例很大，农民的职业阶层地位较低，但并不一定意味着这个地区的生产力水平就低，经济落后。例如，在全国百强县中，农业生产大县也占据了相当大的比重。运用这种结构分析方法，在"面"上看过去是大致不会差的，然而针对不同的"点"还要进行具体的分析。

区的县也主要分布于大城市周边、交通要道和口岸地区（2004年全国百强县名单见附录六）。第二，东西部之间发展不平衡（新时期592个国家扶贫开发工作重点县名单参见附录五）。

2. 各市辖区成为本市职业结构发展的"高级"区

在第二章中我们分析了职业结构类型的空间分布变迁，得知在2000年，内陆的大多数地级市形成了以市辖区为中心的职业结构类型呈环形分布的格局。各地市辖区的职业结构类型较高级。通过中心城市的极化效应，生产要素迅速向城市集聚，从而改变了市辖区的职业结构。

3. 核心—边缘结构日益突出

从2000年的职业结构类型空间分布来看，我们可以看出东部沿海地区职业结构类型较高级，主要有三个核心区：环渤海地区、长江三角洲和珠江三角洲。在核心区里，职业结构类型较均衡。围绕着核心区，职业结构类型呈现由高级向低级逐渐扩散的趋势。以广东省为例（见第二章），我们可以看到，自改革开放以来，广东省的职业结构类型呈现明显的核心—边缘结构，珠江三角洲与全省其他各地差异迅速扩大。

三　中国职业结构的空间模式

以省份或区域为单位，可以看出2000年中国职业结构的空间模式有连续型圈层、非连续型圈层、多核心圈层三种（见表5-1）。

表5-1　中国职业空间结构模式分类

类　型	形态	集中区域
连续型圈层职业结构模式		长江三角洲、广东、山西
非连续型圈层职业结构模式		云南、内蒙古东北角、西藏、四川、宁夏、甘肃、贵州、陕西、四川
		宁夏
		西藏、青海
多核心圈层职业结构模式		环渤海地区、新疆、黑龙江、吉林、辽宁、陕西、河南、山东、安徽、江西、湖南、湖北、广西、内蒙古、河北、甘肃

注：▢ I类　▢ II类　▨ III类　▨ IV类　▨ V类

四　职业结构时空变迁的障碍

障碍在空间扩散中起着重要的限制作用，如河流、湖泊、山脉等自然障碍，年龄、性别、经济地位等社会障碍以及政策障碍等。莫瑞尔（R. Morrill）将障碍分为两种类型：不可渗透的完全障碍和可渗透的部分障碍。面对前一种障碍，现象扩散到障碍物前会因不可渗透形成反射，从而增加在障碍物附近地区接受某种现象的可能性；面对后一种障碍，现象扩散到障碍物前遇到严重阻碍，但其部分影响仍可渗透障碍物继续传播①。

① 周春山：《城市空间结构与形态》，科学出版社，2007，第37页。

在前文的研究中，我们可以看出障碍的限制作用的表现。一
是自然障碍。第二章在分析农民集中指数分布时，我们看到
了在大山、大河附近的县市，农民占在业人口的比例要比其
他地方高，在全国形成了多条带状分布。二是社会障碍。第
三章第四节分析了影响个人阶层地位的人口特征因素，知道
了年龄、性别、户籍与受教育程度会影响人们职业地位的获
得，是人们实现向上流动的障碍。

第二节 需要进一步探讨的问题

一 社会结构变迁与空间结构变迁的相互关联

转型期的中国正塑造着一个日益分化的社会和分异的空
间，社会空间的隔离和冲突越来越明显、尖锐，这正引起学
术界与政府的强烈关注。这种对空间分化的强调的效应之
一，就是挑战下述观念：社会阶级毫无疑问属于国家现象，
阶级本质上是由民族国家的界限确定的。在有关结构重塑的
文献中，对地方或区域差异的强调已经使研究者透过空间来
重新思考社会阶级（再往后，社会性别和种族也被纳入同
一分析）[1]。本研究主要分析职业结构空间分布的时间变迁，
而对社会结构变迁与空间结构变迁的辩证关系的讨论较少，
而这将成为后续的研究方向之一。

---

[1] 〔英〕布赖恩·特纳编《社会理论指南（第二版）》，李康译，上海
人民出版社，2003。

二 中心—外围理论与区域发展

中心—外围模型的理论根基是拉美学派的依附理论。如同模型名称已经清楚地表明一样，中心—外围模型针对的是两个区域类型之间的关系，这是从空间上的解释。当然，中心—外围还可以从非空间的意义上解释社会群体、经济阶层等。从空间上看，它是一种抽象的构想，不是通过人口密集程度、经济结构等方面来定义，而是从两者之间具有怎样的关系上来定义。"中心"是指决定经济体系发展路径的局部空间，因此这也决定了被称为"外围"的局部空间的依附发展。也就是说，中心和外围共同构成了一个体系，它是以权威性和依附性关系为标志的。通过这样的定义，中心和外围可以存在于不同的层面：一个区域的局部范围之间、区域之间、国家之间以及全球层面上的第一世界和第三世界之间。例如，一个发展中国家的大城市对发展起着重要作用，可以视为中心，但在与发达国家的关系上，又属于外围部分[①]。

依附理论主要被用来研究欠发达地区。世界体系理论是对依附理论的修改和发展。它借鉴了依附理论的"中心""边缘"和"经济体系"等概念，但是，它分析的单位不是国家，而是以"中心""边缘""半边缘"的概念分析整个世界经济体。改革开放以前，中国处于封闭孤立状态，远离以西方为中心的世界体系。经过 30 多年的改革开放，从总

---

① 陈秀山、张可云：《区域经济理论》，商务印书馆，2003，第 208 页。

体上讲，中国的对外开放水平有了很大的提高：已经从封闭
孤立状态，走向了开放状态。但从全球化中的区位化的角度
看，中国在世界体系中的位置，目前仍处于边缘地带。中心
与边缘国家之间，不论在经济、科技、文化方面，还是在资
源、生态环境和社会发展方面，都存在较大的差别。这种差
别是它们之间区位联系的基础，同时又是联系的结果。一方
面，中心国家的发达与边缘国家的不发达，存在着高度的相
关性；另一方面，中心国家的发展与边缘国家的依附性发
展，同样存在着高度的相关性。从某种意义上可以说，中心
国家控制的全球化，本意并不是希望边缘国家不发达，当然
也不是希望它们发展，而是希望它们相对不发达和依附性发
展。二是在区位结构中，位置很重要，中心区位即意味着权
力和统治。因为在这种结构中，中心区位可以"体制"地
侵夺边缘的利益，可以有形无形地将危机转嫁到边缘地带。
美国现在处在全球化体系的中心，全球化利益的大部分都将
"体制"地化为它的囊中之物。而且，全球化体系规模越
大，边缘国家越多，中心所侵占的范围就越广，所得到的利
益也就越多。这就是美国十分热衷于在世界各地推广全球
化、市场化的体制的奥秘所在。这是一个事实。看不到这个
事实，看不到全球化的中心与边缘具有不同结构和功能，是
不对的[①]。

那么，发展中国家怎样才能摆脱贫困？普雷维什认为，

---

① 吴怀连：《边缘性：中国社会结构性质分析（以重庆·合川市为
　　例）》，博士学位论文，中国社会科学院研究生院，2000。

根本途径在于实现工业化，在于发展，同时还必须改变
"中心"和"外围"国家之间的国际经济和贸易关系，发展
"外围"国家之间的经济合作。"依附论"派经济学家不同
意"中心""外围"论派经济学家关于贫困的根源和摆脱贫
困出路的理论。他们认为，发展中国家贫困落后的原因是由
"外围"国家在资本主义世界经济体系中的地位决定的，具
体地说，是由"外围"国家在资本主义世界经济的控制和
不发达的"外围"国家对"中心"国家的依附关系决定的。
"依附论"的一个著名观点是："拉美国家并非因贫困造成
依附，而是依附造成了贫困。"因此，"依附论"派经济学
家反对"中心""外围"论派经济学家主张的把发展中国家
结合在资本主义世界体系内，通过进口替代工业化来改变自
己的产业结构，并通过迫使"中心"国家在经济和贸易中的
让步，来求得发展的设想。他们认为，只有彻底打破对发达
国家特别是对美国的经济依附，发展中国家才能求得发展。

三　行政区域类别对社会空间结构的影响

改革开放以来，在市场经济条件下形成了不同种类的区
域经济，如省域经济、市域经济、县域经济、乡镇经济等。
行政区划对不同种类的行政区域经济社会的影响是不同的。
行政区划纵向管理层次或行政管理上下隶属的垂直性，使行
政区划的纵向管理区域的经济要素和经济活动指向一体化方
向演进。一般说来，受行政区划纵向管理体制的影响，低一
级的行政区域经济板块会受到高一级的行政区域经济板块中
的增长极的极化，低一级的行政区域经济板块会指向高一级

的行政区域经济板块一体化演进①。从第二章关于职业空间结构演变的分析中可以很清晰地看出行政区划对职业结构的影响。因此，根据行政区域经济社会结构的性质与发展状况适时调整行政区划，具有重要的意义。

第三节 政策探讨：政策转型、再分配与承诺可靠性

自20世纪90年代以来，各阶层都获得好处的中国改革共赢局面消失。社会产生了利益群体的分化，出现了既得利益集团、不落空阶层和弱势群体，社会分层呈现出"倒丁字型"② 和断裂③。这样一种结构说明社会在收入分配方面很不公平，贫富分化悬殊。这对社会稳定十分不利。

除了收入的极化和阶层的分化外，21世纪初期的中国社会还有一些不稳定因素：世界上最大规模的经济结构调整和能源需求增长，世界上最显著的城乡差距和地区差距，世界上基尼系数增长最快的国家之一，世界上最严重的腐败及其最大的经济损失，世界上最大范围的生态环境破坏，世界上最大规模的城乡劳动力转移和就业、再就业压力，世界上

---

① 朱舜：《行政区域经济结构与增长》，经济科学出版社，2003。
② 李强：《"丁字型"社会结构与"结构紧张"》，《社会学研究》2005年第2期。
③ 孙立平：《断裂：20世纪90年代以来的中国社会》，社会科学文献出版社，2003；孙立平：《转型与断裂：改革以来中国社会结构的变迁》，清华大学出版社，2005。

增长最快的城市化和住房压力，世界上最沉重的家庭教育负担和医疗负担①，等等。近期受世界经济波动尤其是美国次贷危机的影响，中国对外出口下滑，物价上涨，股市低迷，房地产不景气。这造成中等收入及中等收入以下群体普遍受到重大影响，一部分金融资产拥有者被抛入社会下层，社会下层的生活水平下降，社会底层的生活更加困苦。

在中国社会稳定面临严峻挑战的情况下，我们如何保障社会稳定？从社会结构视角看，不同于中产阶级或中等收入者稳定论，笔者认为，中国社会稳定决定于社会下层，社会底层是社会不稳定的主要因素。必须运用社会政策进行再分配，保障社会底层的基本生活需要，改善社会下层的生活条件和水平，形成社会安全门槛，才能在社会变迁过程中保障社会稳定，最终形成以中等收入群体为主的结构性稳定。

一 阶层与中国社会稳定

西方社会的经验和理论表明，中产阶级是社会稳定的基石，以中产阶级为主体的"纺锤型"结构的社会比较稳定。中产阶级稳定论认为，中产阶级扩大化主要在三个方面发挥着社会稳定器的作用②。首先，当中产阶级成为这个社会的多数人或社会主体后，它偏好稳定的文化和价值观也就会成为社会认可和主导的文化和价值观。其次，伴随中产阶级的扩大，

---

① 参见王绍光、胡鞍钢、丁元竹《经济繁荣背后的社会不稳定》，《战略管理》2002 年第 3 期。这些因素至今未消失，根据医疗、住房、就业、能源方面的变化，作者作出了新的总结。

② 李强：《关于中产阶级的理论与现状》，《社会》2005 年第 1 期。

社会下层人口减少，持反社会情绪的人口也减少了。再次，失去了中间阶层的缓冲作用，上下两层之间容易出现矛盾和冲突。中产阶级的扩大缓和了社会上层和下层对立的矛盾和冲突。

尽管改革开放已有 30 多年，中国仍然是一个以农工阶层为主体的社会，中产阶级或中等收入者只占很小的比例。李培林将年人均收入在 35001 元以上的划分为高收入家庭，14001～35000 元的为中等收入家庭，7001～14000 元的为中低收入家庭，7000 元以下的为低收入家庭。根据 2006 年的调查数据，按此标准进行测算，我国目前家庭年人均收入在 35001 元以上者占 3.3%，14001～35000 元的中等收入者占 13.0%，7001～14000 元的中低收入者占 22.8%，7000 元以下的低收入者占 60.9%[①]。

根据职业进行社会分层，陆学艺提出中国社会已经由两个阶级一个阶层（工人、农民、知识分子）分化成 10 大社会阶层：国家和社会管理者、经理人员、私营企业主、专业技术人员、办事人员、个体工商户、商业服务人员、产业工人、农业劳动者和城乡无业失业半失业者，其中占人口约 60.4% 的工人阶层、农民工群体、农业劳动者阶层处于社会的下层，占人口约 4.8% 的城乡无业失业半失业者则处于社会的底层[②]。与此类似，何清涟认为："中国大概占总人口（就业总人口）1% 的是由国家和政府的高级领导人（省、

---

① 李培林：《关于扩大中等收入者比重的思路》，《中国党政干部论坛》2007 年第 11 期。

② 陆学艺：《当代中国社会流动》，社会科学文献出版社，2004，第 13～14 页。

地、中央），国有大银行、国有大企业的负责人构成。4%的人地位略次于上面这些人，收入也略比他们低一点。把他们划为中上层，还有 11.4% 的中产阶级，由大学教师、中小学教师、干部、新闻从业人员，还有技术人员构成；在城市里有一份工作，在农村还有地种，或在乡镇企业工作的人，他们组成了 69% 的下层人；此外，14% 多属边缘化阶层，城市里的失去工作的下岗工人、农村流入城市找工作没有工作的农民，沦为社会的最底层。"

由于社会结构具有相对稳定性，这些社会分层特征至今没有太大的变化。现阶段将我国的社会稳定建立在少数中产阶级或中间收入者的基础上是不现实的。首先，通过市场机制扩大中等收入群体是一个缓慢的过程①。即便如同一些机构和个人估计的那样，中国在未来二三十年里中产阶级或中等收入者群体剧增，面对尖锐的社会现实，它也无法保障近期的社会稳定，无法保障社会结构变迁过程的稳定。其次，新生的社会中间阶层不稳定。例如，对白领而言，随着住房价格的飞涨，在消费领域他们和社会大众一样具有买不起房的特征。因此，通过扩大中等收入群体来增加社会的稳定——这个社会学学者关于社会稳定的共识或解决方案，是一个长期性的策略。在形成以中产阶级为主体的社会变迁中，如果社会下层的生活水平没有改善，绝对数量的社会底层的

---

① 李强在《"丁字型"社会结构与"结构紧张"》和《怎样看待我国社会分层的新变化？》中认为，要形成一个以中等收入为主体的社会结构还需要 33 年。

基本生活没有保障，这个社会的稳定也就没有保障。所以，考察中国社会稳定的着眼点应在社会下层和底层。

个体的实际经济、社会地位直接影响他们对自身生活状况的满意或不满意程度，对自身生活状况不满意的人可能更倾向于通过非制度渠道以较激烈的方式表达其不满，这影响了客观社会形势的稳定。那么谁对自己的生活不满意呢？根据"我国社会稳定研究课题组"的报告，王绍光、胡鞍钢、丁元竹认为，下岗失业人员、低收入人群、收入水平下降的人对自己的生活最不满意[1]。还有弱势群体，他们是市场改革的"输家"。尽管收入和地位的变化有很多深刻原因，但对生活状况不满者很容易将其利益的损害归因于党和政府及其政策，产生不满。这种不满虽然还没有形成政治意识，但已经以上访、游行、暴力犯罪等社会抗拒形式表现出来，严重影响了社会稳定[2]。康晓光也指出，对现行制度不满的大众群体感到在现行体制下无法解决他们的问题，就通过宗教、俱乐部或小群体、地下组织、集会、游行示威、集体上访、集体暴动等集体行动手段或个人犯罪活动进行反抗，如果维护现行制度的力量不能有效地压制反抗行为，就会产生政治制度的不稳定[3]。

---

[1] 王绍光、胡鞍钢、丁元竹：《最严重的警告：经济繁荣背后的社会不稳定》，《战略与管理》2002年第3期。

[2] 孙立平：《转型与断裂：改革以来中国社会结构的变迁》，清华大学出版社，2005，第345~364页。

[3] 康晓光：《未来3~5年大陆政治稳定性分析》，《战略与管理》2002年第2期。

总之，可以说下岗失业者、城市长期无业者、城市拆迁无房户、失地农民、丧失劳动能力者等弱势群体是社会底层的主要成员，农民、农民工、非技术工人等低收入群体处于社会的下层，由于他们的基本生活没有保障或其很低的生活水平长期得不到改善，他们对生活累积起来的不满会在诱因中群体性释放，造成社会局部或整体的不稳定。贵州瓮安事件就充分说明了这一点，个体死亡事件经学生、矿工、水库拆迁移民、市民等非利益相关者的参与，在游行过程中迅速演变为针对政府的群体性事件。此外，民族在社会分层中的地位也发生了变化，一些少数民族在市场竞争中利益受损，在宗教力量和境外势力的影响下，部分人蓄意制造社会动乱和事件，如拉萨"3·14"事件和新疆暴力事件。

根据以上分析，中国社会的不稳定主要来自社会底层，即下岗失业者、城市长期无业者、城市拆迁无房户、失地农民、丧失劳动能力者等弱势群体具有不公平感和被剥夺感，容易因各种诱发事件形成群体性冲突。而处于社会结构主体的下层则是社会稳定的关键，如果该阶层的非技术工人、农民工、农民对社会产生强烈不满，并响应社会底层的社会反抗，中国社会的稳定就失去了民心的基础。这与中产阶级社会理论并不矛盾。该理论从来没有否认过下层是社会不稳定的来源，它只是指出扩大中间阶层、减少社会下层和底层是实现社会稳定的途径。在中产阶级成为社会的多数人后，稳定就压倒了不稳定，社会就实现了结构性稳定。因此，在中产阶级发展的社会变迁过程中，保障中国社会稳定就是谋求中国社会下层和底层的稳定。

二　阶层贫富分化：来自市场还是再分配

改革开放前中国还是一个非常公平的社会，社会阶层的分化还没有那么严重。怀默霆认为，中国的精英通过革命抹去了 1949 年以前收入方面触目惊心的不平等，成功地创造了一个较为平等、分层程度较低的社会[①]。在工资方面虽然保留了一定的差别，但同苏联和东欧社会主义国家相比，中国的工资差距是最小的。西方资本主义国家就更不能相比了。改革开放后，从两个阶级一个阶层到十个阶层的分化，收入差距两极分化，中国只用了 20 多年的时间。为什么中国迅速出现了这样一种不稳定的社会结构？只有识别中国社会结构变化的关键变量，再控制这些变量，引导中国社会结构的变迁，才能保持社会下层和底层的稳定。

改革开放前，中国在城市和农村分别建立了单位和人民公社进行生产和分配，波兰尼称之为再分配经济[②]。再分配经济由国家统一分配产品和剩余，并有一套与再分配经济相适应的社会分层机制，我们称之为再分配机制。传统马克思主义者认为，市场机制是不平等的根源，国家再分配有助于解决不平等问题。泽林尼 1978 年提出，社会主义再分配经济可能在形式上是平均主义的，但在公共物品的分配上是很

[①]　参见边燕杰《市场转型与社会分层——美国社会学者分析中国》，三联书店，2002。

[②]　Karl Polanyi, *The Great Transformation*: *The Political and Economic Origins of Our Time*, Boston: Beacon Press, 1957.

不平等的①。倪志伟提出，向市场经济转变将根本改变再分配经济中以权力作为分层机制的状况，代之以市场机制②。市场转型论认为，在中国向市场经济的转型中，干部收入上升的速度较慢，而那些直接参与市场经济的人则将获得较高回报。市场转型具有一种平等化效应，穷人和企业家的收入增加。20 世纪 80 年代上半期，农民在农村改革中普遍受益，农民的收入大幅度增加。城市职工的工资和奖金也提高了，处于社会底层的回城知识青年和刑满释放人员也通过个体经营方式成为最早的致富者。市场转型论得到了初步的证实。

但市场转型论过分乐观了，市场转型的平等化效应很快就不复存在了。进入 20 世纪 80 年代中期，农村改革的潜力基本释放完毕，农民的收入虽然还在增长，但已经低于当时国民经济增长速度。普通城市居民的收入增长也不快，国有企业职工的收入水平和增长速度远远低于非国有部门。到了 90 年代中期，农民收入进一步放缓，城市中出现了相当规模的贫困人口，整个社会贫富差距扩大。世界银行 1997 年发布的一份题为《共享不断提高的收入》的报告指出，中国 80 年代初期反映居民收入差距的基尼系数是 0.28，到 1995 年是 0.38，到 90 年代末则是 0.458。全世界还没有一

---

① 转引自边燕杰《市场转型与社会分层——美国社会学者分析中国》，三联书店，2002，第 16 页。

② Victor Nee, David Stark, *Remaking the Economic Institutions of Socialism: China and Eastern Europe*, Standford, Calif.: Standford University Press, 1989.

个国家像中国这样在短短 15 年内收入差距变化如此之大。90 年代中期以后，农村居民的收入出现了绝对下降的现象。1997～2002 年，国有企业改革过程中出现了下岗失业的狂潮。此后，社会不平等加剧，贫富悬殊开始固化为社会结构[①]。

　　谁应该为贫富差距悬殊的社会分层结构负责，究竟是市场机制还是再分配机制？泽林尼和倪志伟指出，马克思主义和自由主义都把不平等视为再分配经济或市场经济固有的特征，而忽略了该机制所处的制度环境。再分配机制和市场机制与社会不平等没有固定不变的关系，在不同的制度背景下，再分配机制和市场机制对社会不平等形成的作用是不同的。在资本主义市场经济中，市场是不平等的主要源泉，再分配机制抑制这种不平等。在社会主义计划经济中，再分配造成了不平等，市场机制削弱这种不平等[②]。再分配经济向市场转型的过程分为三个阶段[③]。第一阶段是地方商品市场阶段，再分配经济占有绝对地位，地方小商品市场的存在为下层提供了经济机会和回报，减小了社会不平等。第二阶段是社会主义混合经济阶段，市场进一步发展，但再分配经济仍然占主导地位。1985 年后的中国处于该阶段，新的社会

---

①　孙立平：《转型与断裂：改革以来中国社会结构的变迁》，清华大学出版社，2005，第 271～283 页。

②　转引自孙立平《失衡：断裂社会的运作逻辑》，社会科学文献出版社，2004，第 78～79 页。

③　Ivan Szelenyi, Eric Kostello, "The Market Transition Debate: Toward a Synthesis?" *American Journal of Sociology*, 1996, Vol. 101, pp. 1082－1096.

不平等由于市场的发展而出现，权力优势阶层进入市场获得初步回报。对于中国社会不平等迅速扩大的事实，孙立平也认为市场机制和再分配机制可能一起造成了不平等的严重化①。第三阶段是资本主义导向的经济阶段，全社会实行了私有化，不平等大幅度上升，促使社会平等的机制是再分配。初步建成市场经济后，中国可能处于泽林尼所划分的第三阶段。

魏昂德也认为，市场机制与社会不平等没有必然的联系，但他没有从市场机制以外的社会主义和资本主义制度环境寻找原因②。他认为，产权结构会影响某些人获取经济剩余，进而影响社会分层变化。中国地方政府往往选择不同的产权形式组织经济，选择不同的分层机制解决劳动报酬和经济剩余的分配问题。也就是说，制度安排对社会分层产生影响，嵌入制度中的个体或群体在不同的产权安排中产生收入分化。国家规定和实施着产权，它通过制定竞争和合作的基本规则为统治者的福利最大化提供一个产权结构③。因此，不难理解，在从再分配经济向市场经济转型的过程中，干部群体依然在市场机制中占有优势，尤其是在中国。

由此，在制度主义的基础上，我们认为国家是社会分层

---

① 孙立平：《转型与断裂：改革以来中国社会结构的变迁》，清华大学出版社，2005，第 75～80 页。

② 转引自边燕杰《市场转型与社会分层——美国社会学者分析中国》，三联书店，2002。

③ 〔美〕诺斯：《经济史上的结构和变迁》，厉以平译，商务印书馆，1992，第 12 页。

的根本决定者，社会结构受到国家的强烈影响。国家通过确立基本的政治、经济、社会、法律制度①和产权制度影响着社会分层，通过制度变化影响着社会结构的变迁。这种制度变化以政策的形式影响了新中国成立以来的历次重大社会变迁②。

　　新中国成立初期的土地改革，根本改变了农村的社会分层结构。1956 年的社会主义改造，大规模地改变了我国城市的社会分层结构。1966～1976 年的"文化大革命"在当时极"左"的政策引导下，大部分党政当权者都被打倒了，造成了社会结构的剧烈变化。不仅政治结构变化巨大，而且经济分层也发生重大变化。1978 年奉行改革开放政策，从计划经济向市场经济转型，利益的分化导致社会结构的分化。1992 年以后，中央明确提出要建立社会主义市场经济。在经济领域实行私有化政策，对国有企业进行大规模的产权改革。以市场改革为先导，城市里面的住房、医疗、养老、就业四大领域也奉行了市场化的政策。政策的重大变化，使得中国社会结构发生了剧烈而持续的变化，社会结构出现了巨大的分化和断裂③。党的十六大以后提出科学发展观、和谐社会的政策导向，更加注重社会公平，要使全体人民共享改革发展成果。

----

① 诺斯在《经济史上的结构和变迁》中称一国基本的政治、经济、社会、法律制度为市场运行的制度环境。

② 李强：《怎样看待我国社会分层的新变化?》，中国社会学网：http：//news. 163. com/07/0903/08/3NF1D3EA000121EP_ 4.html2007，最后访问日期：2012 年 8 月 29 日。

③ 孙立平：《转型与断裂：改革以来中国社会结构的变迁》，清华大学出版社，2005，第 97～109 页。

在贫富悬殊固化为社会结构后，既得利益集团极力维护现有利益格局，弱势群体的利益诉求在现行体制内难以通过制度化途径得到表达和维护，加上其他因素，改革的局面异常复杂。在这种情况下，中国是否有意愿和能力制定、实施保障社会下层和底层的社会政策，促进社会公平？

三 重构社会公平：政策转型与再分配

1978 年改革开放以来以经济建设为中心，在 20 世纪 90 年代后期以前，中国只有经济政策而没有社会政策[①]。

国家意志来自社会各阶层意愿的表达和整合，从目前的表达和整合机制看，中国在公共政策制定过程中缺乏制度化的渠道反映社会下层和底层的利益诉求。在党的决策核心周围，政府、人大、政协、八个民主党派这个中心层全都是精英，政治精英、知识精英和工商精英有表达意见的多重渠道。工会、妇联和共青团勉强可以作为整合普通民众意见的机制，但它们处在政策体系的中间层地位，很难影响根本的政策走向。外围的大众只有通过制度化渠道中的委托人反映利益诉求，在政策制定过程中影响微弱。至于困难群体或弱势群体，只是在激烈的社会抗议中才引起了决策者的注意。这种精英化的利益表达和整合机制使体制内群体成为经济政策的主要受益者，而那些体制外的社会群体则成为改革的"输家"。

---

① 王绍光：《从经济政策到社会政策：中国公共政策格局的历史性转变》，载岳经纶、郭巍青《中国公共政策评论》第 1 卷，上海人民出版社，2007。

　　随着社会矛盾的突出和社会压力的增强，中国公共政策议程设置模式发生了转变，在基本的制度化渠道外又产生了新的利益表达和整合机制。议程设置是指对各种议题依重要性进行排序。依据议程提出者的身份与民众参与的程度，我们可以区分出六种议程设置的模式。过去，在中国，议程设置主要采取前五种模式，即关门模式、动员模式、内参模式、借力模式、上书模式；只是到了最近几年，第六种模式——外压模式——才浮现出来①。社会政策的出现在很大程度上是议程设置模式转变的产物。

　　外压模式有三个特点。第一，只有在初始阶段，外压模式里的议案倡导者是可以确定的。随着议案影响力的扩大、议案支持者的增加，谁是倡导者已越来越难以分辨，他们的身份已变得越来越模糊。在大量民众支持改变旧议程、接受新议程时，公共议程最可能变为正式议程。第二，外压模式产生作用的前提是少数人关心的议题变为相当多人关切的公共议程，否则压力便无从产生。而这个过程需要时间。第三，由于上述两个特点的存在，研究者往往很难准确地断定外力究竟通过什么方式最终影响了议程的设置。还有一种特殊情况，即突然出现所谓"焦点事件"，引起社会普遍的关注，进而迫使决策者迅速调整议程②。外压模式形成了非正式的公共政策制定机制，以其强大的民意压力迫使决策者在

---

①　王绍光：《中国公共政策议程设置的模式》，《中国社会科学》2006年第 5 期。

②　王绍光：《中国公共政策议程设置的模式》，《中国社会科学》2006年第 5 期。

短期内调整政策。这种公共政策制定模式为社会下层和底层的利益表达和维护提供了非制度化的方式，使制定社会政策解决就业、上学、看病、住房、社保、环境、贫富悬殊等与社会下层和底层密切相关的问题成为可能。

政策价值观即指导思想的转变也是社会政策制定的必要条件。改革开放以来的主要指导思想是"效率优先，兼顾公平"，实际发展过程中却是经济增长至上，不顾公平甚至损害公平的事情屡有发生。在社会性的批评和现实的压力下，中央逐渐淡化了效率优先的提法。党的十七大提出："要通过发展增加社会物质财富、不断改善人民生活，又要通过发展保障社会公平正义、不断促进社会和谐。实现社会公平正义是中国共产党人的一贯主张，是发展中国特色社会主义的重大任务。"追求公平最终体现在社会政策的制定和实施上。

有社会政策制定的意愿和能力还不够，实施社会政策还需要巨大的财力。社会政策不挣钱只花钱，实施教育、卫生医疗、社保、住房、环保等政策要以坚实的财力作为支撑。改革开放以来，中国 GDP 以平均每年近两位数的水平高速增长，创造了人类经济史上的奇迹，从一个贫穷的第三世界国家一跃成为世界第二大经济体。在资源动员方面，政治能力并不总是与经济能力同步①，财政收入的"两个比重"一度曾严重下降。财政收入占 GDP 的比例在分税制改革前下

---

① Caiden, Nomai, "Patterns of Budgeting," *Public Administration Review*, 1978, 38.

滑到16%，中央财政收入占全国财政收入的比例接近50%，动员资源的政治能力远远低于经济能力。实行分税制改革后，财政收入实现了飞跃，无论是收入总额还是占GDP的比例都有了很大提高。尤其是近几年，财政收入增长速度大大超过了GDP增长速度，中央政府的财政调控能力明显增强，制定和实施社会政策具备了条件。

社会政策的功能是再分配。波兰尼认为，在前资本主义时代，人类经济活动是一种嵌入在人际关系网络中的互惠经济，生产者和消费者以信任和礼物的形式交换产品[1]。社会弱者有权利通过宗族等社会关系获取援助，各种社会机构和富人也建立救济院等机构对那些面临生存威胁的人进行救济。这种再分配是一种社会控制方式，其目的是缓解社会矛盾。进入古典资本主义时代，人类经济活动和社会关系逐渐脱离了，劳动力和土地、其他自然资源一起成为商品。在陌生人社会里，失去了社会关系庇护的劳动者主要依靠工资的单一收入，失业使其面临极大的生存威胁。于是工人运动出现了，要求政府进行再分配，建立救济、工伤、养老等社会制度，以保护他们的经济安全。到现代资本主义时期，援助性再分配、保险性再分配、补偿性再分配纷纷在德国、奥地利、英国等国家通过立法成为制度，福利国家出现了，人类经济活动又重新回归社会关系。不同程度的福利国家，通过由政府主导的再分配缓解社会矛盾，再分配的对象从需要救

---

[1]　Karl Polanyi, *The Great Transformation: The Political and Economic Origins of Our Time*, Boston: Beacon Press, 1957.

济的弱势群体逐渐扩展到面临伤残、疾病、失业、养老威胁的社会底层，最后在失业、教育、养老、医疗和住房方面的公正性再分配惠及全体人民。

从分化和断裂的社会结构看，中国社会的下层和底层没有充分享受到改革开放形成的巨大经济成果，精英开始以社会政策的形式进行再分配，救助最困难的社会群体和补偿那些利益受到损害的人，建立一个公平正义有保障的社会，在市场经济的基础上重构社会公平。由于既得利益集团具有影响公共政策的特殊能力，大众利益的制度化表达和整合机制还在建构中，政策的选择和承诺可靠性就尤为重要了。

四　共享改革成果：政策选择和承诺可靠性

党的十七大提出"通过发展保障社会公平正义、不断促进社会和谐"，其核心就是不触动既得利益阶层的利益，通过经济发展增量部分调整社会利益格局，保障社会下层和底层的利益。这样的策略减小了改革带来的阻力和冲击，但该策略下的再分配政策存在两个问题：一是对社会中上层的收入调节力度较小，难以遏止收入差距的进一步扩大；二是再分配的社会政策能否落到实处，给予社会下层和底层足够的补偿和保障。第一个问题是社会政策选择的问题，第二个问题是政策的承诺可靠性问题。

自 20 世纪 90 年代中期以来，中国政府逐渐建立了体现援助性、补偿性、保险性和公正性的再分配框架。在援助性再分配方面，1998 年的大规模国企改革之后，在全国建立了城镇居民最低生活保障制度。在补偿性再分配方面，劳动部于 1996 年 8 月颁发《企业职工工伤保险实行办法》。在保险性再分配方面，建立了城镇职工基本养老保险、基本医疗保险和失业保险，全面推行新型农村合作医疗。在公平性再分配方面，2006 年对贫困家庭学生实行农村义务教育"两免一补"并逐步扩大到九年制义务教育免费，2008 年一些地方政府开始着手制定实施包括教育、医疗、就业、社保、住房在内的基本公共服务均等化政策。远期将要建立覆盖城乡居民的社会保障体系。

再分配的意义在于共享发展成果，使产品和财富的社会分布更加公平。在目前的收入分配体系中，市场中来自劳动和投资的初次收入分配差距过大，给再分配带来一定难度。更重要的是，再分配的一些收入主要来源于社会中下层，相当于用原本属于中下层的收入补贴自身，没有起到调节收入和财富分配的预期作用。党的十六届六中全会提出，着力提高低收入者收入水平，逐步扩大中等收入者比重，有效调节过高收入。由于富人通过隐瞒、转移、做账等手段具有较强的避税能力，这些主张不但没有落到实处，当前所得税体制反而起到"逆调节"作用。

2007 年初，全国对年收入 12 万元以上个人实行纳税申报，从申报人员结构来看，工资、薪金所缴纳的个人所得税所占比重，从 1998 年的 49% 增加到 2006 年的近 60%，而私企老板、自由职业者、个体工商户等高收入者缴纳的税额比较小，其所占比重 2006 年与 1998 年相比几乎下降了 50%[1]。

---

① 徐寿松、赵东辉：《税收"逆调节"拉大贫富》，《瞭望》2007 年第 52 期。

工薪占我国普通居民家庭收入的约 70%，占高收入群体家庭收入的 50%，个税对于收入调节起到了"累退"的作用。高收入群体其余收入来源于经营性收入、财产性收入与第二职业收入，由于种种原因，这部分收入难以受到税收的有效调节。

因此，社会政策选择不只是着眼于补贴低收入阶层，培育中等收入群体，还要依法调节过高收入，平衡税负，通过增设财产税、遗产税调节财富存量，消除人们的不公平感和相对剥夺感。即使在补贴低收入阶层方面，社会政策也面临着优先权的选择，需要对追求的多元价值进行排序。教育、医疗、住房"新三座大山"压得城市居民喘不过气来，但同社会保障的贴现值比较，社会政策应该如何选择以实现代际公平？是教育优先实现机会公平，还是实现"居者有其屋"的结果公平？政策的选择由于大众缺乏制度化的参与途径而缺乏公平，精英的选择不一定满足大众在需求方面的偏好。

即使有了大众所期盼的社会政策，其面临的承诺可靠性也会影响大众是否真正享受到了实惠。公共政策有两种类型，一种是实质性的，另一种是象征性的。实质性的政策可以视为国家对社会的一种政治承诺。但是，政治承诺的可靠性一直是政治市场上面临的一个难题。如果没有一种"事前承诺机制"①，政治承诺经常是不可靠的。事前承诺是

---

① Levi, Margaret, *Of Rule and Revenue*, Berkeley: University of California Press, 1988, pp. 61 - 62.

"一种确保个人会在将来实施在以前同意的决策的机制"，它包括使得行动者服从于各种规则的选择以及各种使得行动者不可能偏离事前承诺来采取行动的惩罚。在现代国家中，公共预算体制提供了这样一种事前承诺机制。

因此，社会政策是否真正可靠，需要公共预算的承诺可靠性机制加以保证。只有将政策任务分解成预算中的项目，政策才有可能落到实处。"项目跟着政策走，资金跟着项目走"，预算是政策实施的工具，只有纳入了预算，政策才变得真实可行起来。随着再分配社会政策的实施，越来越多的政策以财政专项的形式实施，如"两免一补"专项按照定额标准向农村贫困学生提供义务教育方面的补助。随着再就业专项、贫困残疾人慢性疾病医疗保险、社会保障基金等越来越经常化和规模化，如同美国的权利性支出那样，再分配的社会政策就固化、稳定下来，社会下层和底层就得到了一定程度的保障。

五 小结

在社会结构向以中等收入为主体的"纺锤型"结构迈进的过程中，始终存在绝对数量的社会下层和底层人口，有可能因为经济波动、物价上涨等因素引发贫困群体的不满，造成社会危机和动荡。党和政府有意愿、有能力制定保障社会底层和下层的社会政策，对其进行援助性、补偿性、保险性、公平性再分配，救助最困难的社会群体，补偿那些利益受到损害的人，并将其落到实处。但是，按照目前我国的经济发展水平和财力保障水平，实行基本公共服务均等化等社会政策的指导思想是"低水平、宽覆盖"，目的就是将尽可能多的社会下层和底层人口纳入国家重新构建的再分配体系，使之能够重新受到社会的庇护，过上一种有保障和不断改善的生活。正如经济社会学大师格兰诺维特指出的那样，个人选择是否暴动存在一个可能的"门槛"，社会结构对个人是否参加暴动有很大的影响，心理门槛偏低比较容易引发集体暴动①。通过社会政策对社会下层和底层进行再分配，保障他们的基本生活，提高他们的收入，无疑会提高中国社会稳定与安全的程度。

---

① 〔美〕格兰诺维特：《镶嵌——社会网与经济行动》，罗家德译，社会科学文献出版社，2007。

参考文献

一　中文部分

（一）学术著作

〔澳〕马尔科姆·沃特斯：《现代社会学理论》，杨善华等译，华夏出版社，2000。

〔巴西〕多斯桑托斯：《帝国主义与依附》，毛金里等译，社会科学文献出版社，1999。

〔德〕奥古斯特·勒施：《经济空间秩序——经济财货与地理间的关系》，王守礼译，商务印书馆，1995。

〔德〕卡尔·曼海姆：《卡尔·曼海姆精粹》，徐彬译，南京大学出版社，2002。

〔德〕柯武刚、〔德〕史漫飞：《制度经济学：社会秩序与公共政策》，韩朝华译，商务印书馆，2004。

〔德〕齐奥尔格·西美尔:《时尚的哲学》,费勇、吴蕾译,文化艺术出版社,2001。

〔德〕沃尔夫冈·查普夫:《现代化与社会转型》,陈黎等译,社会科学文献出版社,1998。

〔俄〕恰亚诺夫:《农民经济组织》,萧正洪译,中央编译出版社,1996。

〔法〕阿兰·库隆:《芝加哥学派》,郑文彬译,商务印书馆,2000。

〔法〕涂尔干:《宗教生活的基本形式》,渠敬东、汲喆译,上海人民出版社,1999。

〔法〕伊夫·格拉夫梅耶尔:《城市社会学》,徐伟民译,天津人民出版社,2005。

〔美〕R. E. 帕克等:《城市社会学——芝加哥学派城市研究文集》,宋俊岭等译,华夏出版社,1987。

〔美〕埃里克·欧林·赖特:《阶级》,刘磊、吕梁山译,高等教育出版社,2006。

〔美〕保罗·诺克斯、〔美〕史蒂文·平奇:《城市社会地理学导论》,柴彦威等译,商务印书馆,2005。

〔美〕彼特·布劳:《不平等和异质性》,王春光等译,中国社会科学出版社,1991。

〔美〕戴维·波普诺:《社会学(第十版)》,李强等译,中国人民大学出版社,2006。

〔美〕戴维·格伦斯基:《社会分层(第二版)》,王俊等译,华夏出版社,2006。

〔美〕格兰诺维特:《镶嵌——社会网与经济行动》,罗家德译，社会科学文献出版社，2007。

〔美〕黄宗智：《华北的小农经济与社会变迁》，中华书局，1986。

〔美〕赖特：《后工业社会中的阶级》，陈心想等译，辽宁教育出版社，2004。

〔美〕罗伯特·K. 默顿：《社会理论和社会结构》，唐少杰等译，译林出版社，2006。

〔美〕罗兰·罗伯森：《全球化——社会理论和全球文化》，梁光严译，上海人民出版社，2000。

〔美〕诺斯：《经济史上的结构和变迁》，厉以平译，商务印书馆，1992。

〔美〕乔纳森·H. 特纳：《社会学理论的结构（第七版）》，邱泽奇、张茂元译，华夏出版社，2006。

〔美〕乔纳森·H. 特纳：《社会宏观动力学》，林聚任、葛忠明等译，北京大学出版社，2006。

〔美〕索杰（Edward W. Soja）：《第三空间——去往洛杉矶和其他真实和想象地方的旅程》，陆扬等译，上海教育出版社，2005。

〔美〕史蒂文·瓦戈：《社会变迁（第五版）》，王晓黎等译，北京大学出版社，2007。

〔美〕西奥多·舒尔茨：《改造传统农业》，梁小民译，商务印书馆，1987。

〔美〕伊兰伯格、〔美〕史密斯：《现代劳动经济学》，潘功胜、刘昕译，中国人民大学出版社，1999。

〔美〕伊曼纽尔·沃勒斯坦：《现代世界体系》第1卷，

尤来寅等译，高等教育出版社，1998。

〔美〕伊曼纽尔·沃勒斯坦：《现代世界体系》第 2 卷，吕丹等译，高等教育出版社，1998。

〔美〕伊曼纽尔·沃勒斯坦：《沃勒斯坦精粹》，黄光耀、洪霞译，南京大学出版社，2004。

〔日〕富永健一：《日本的现代化与社会变迁》，李国庆、刘畅译，商务印书馆，2004。

〔匈〕雅诺什·科尔奈：《社会主义体制》，张安译，中央编译出版社，2007。

〔英〕安东尼·吉登斯：《第三条道路——社会民主主义的道路》，郑戈译，北京大学出版社，2000。

〔英〕安东尼·吉登斯：《民族—国家与暴力》，胡宗泽等译，三联书店，1998。

〔英〕安东尼·吉登斯：《社会的构成》，李康、李猛译，三联书店，1998。

〔英〕安东尼·吉登斯：《社会学》，李康译，北京大学出版社，2007。

〔英〕安东尼·吉登斯：《现代性的后果》，田禾译，译林出版社，2007。

〔英〕布赖恩·特纳编《社会理论指南（第二版）》，李康译，上海人民出版社，2003。

〔英〕杰西·洛佩兹、〔英〕约翰·斯科特：《社会结构》，允春喜译，吉林人民出版社，2007。

〔英〕卡尔·波兰尼：《大转型：我们时代的政治与经济起源》，冯钢、刘阳译，浙江人民出版社，2007。

〔英〕约翰斯顿（Johnston, R. J.）：《地理学与地理学家》，唐晓峰等译，商务印书馆，1999。

《马克思恩格斯全集》第 23 卷，人民出版社，1972。

包亚明：《后现代性与地理学的政治》，上海教育出版社，2001。

包亚明：《现代性与空间的生产》，上海教育出版社，2003。

边燕杰、吴晓刚、李路路：《社会分层与流动》，中国人民大学出版社，2008。

边燕杰：《市场转型与社会分层——美国社会学者分析中国》，三联书店，2002。

蔡昉：《中国流动人口问题》，河南人民出版社，2000。

蔡禾：《社区概论》，高等教育出版社，2005。

蔡禾、张应祥：《城市社会学》，中山大学出版社，2003。

曾湘泉：《劳动经济学》，中国劳动社会保障出版社，2005。

陈鸿宇：《区域经济学新论》，广东经济出版社，1998。

陈修颖、张旭健：《演化与重组——长江三角洲经济空间结构研究》，东南大学出版社，2007。

陈秀山、张可云：《区域经济理论》，商务印书馆，2003。

陈婴婴：《职业结构与社会流动》，东方出版社，1995。

崔功豪、魏清泉、陈宗兴编著《区域分析与规划》，高等教育出版社，2002。

邓正来、〔英〕J. C. 亚历山大主编《国家与市民社会：

一种社会理论的研究路径》，中央编译出版社，2005。

方创琳：《区域发展战略论》，科学出版社，2002。

费孝通：《行行重行行》，宁夏人民出版社，1992。

费孝通：《行行重行行（续集）》，群言出版社，1997。

费孝通：《乡土中国：生育制度》，北京大学出版社，2005。

顾伯平：《人生五十半部书》，人民出版社，2008。

顾朝林：《城市社会学》，东南大学出版社，2002。

关家麟：《中国东部地区社会结构变迁》，社会科学文献出版社，2002。

胡顺延、胡功民：《中国中部地区社会结构变迁》，社会科学文献出版社，2002。

胡序威、周一星、顾朝林：《中国沿海城镇密集地区空间集聚与扩散研究》，科学出版社，2000。

何雪松：《社会问题导论：以转型为视角》，华东理工大学出版社，2007。

贾春增：《外国社会学史》，中国人民大学出版社，1989。

李春玲：《断裂与碎片：当代中国社会阶层分化实证分析》，社会科学文献出版社，2005。

李弘毅：《转型社会的职业分层结构——无锡城市实证研究》，社会科学文献出版社，2007。

李路路、王奋宇：《当代中国现代化进程中的社会结构及其变革》，浙江人民出版社，1992。

李培林等：《社会冲突与阶级意识：当代中国社会矛盾问题研究》，社会科学文献出版社，2005。

李培林：《另一只看不见的手：社会结构转型》，社会科学文献出版社，2005。

李强：《农民工与社会分层》，社会科学文献出版社，2004。

李友梅、刘玉照、张虎祥：《上海社会结构变迁十五年》，上海大学出版社，2008。

林拓、〔日〕水内俊雄：《现代城市更新与社会空间变迁》，上海古籍出版社，2007。

刘玉照、张敦福、李友梅：《社会转型与结构变迁》，上海人民出版社、格致出版社，2007。

隆少秋：《县域经济发展及结构优化的理论与实践》，华南理工大学出版社，2006。

陆学艺：《当代中国社会流动》，社会科学文献出版社，2004。

陆学艺：《当代中国社会阶层研究报告》，社会科学文献出版社，2002。

陆学艺：《社会结构的变迁》，中国社会科学出版社，1997。

沙安文、沈春丽、邹恒甫：《中国地区差异的经济分析》，人民出版社，2006。

尚重生：《当代中国社会问题透视》，武汉大学出版社，2007。

《社会学百科全书》，上海译文出版社，1999。

施坚雅：《中华帝国晚期的城市》，中华书局，2000。

孙立平：《断裂：20世纪90年代以来的中国社会》，社会科学文献出版社，2003。

孙立平:《失衡:断裂社会的运作逻辑》,社会科学文献出版社,2004。

孙立平:《守卫底线》,社会科学文献出版社,2007。

孙立平:《转型与断裂:改革以来中国社会结构的变迁》,清华大学出版社,2005。

佟新:《人口社会学》,北京大学出版社,2000。

童星:《现代社会学理论新编》,南京大学出版社,2003。

王桂新:《中国人口分布与区域经济发展》,华东师范大学出版社,1997。

王开玉:《中国中部省会城市社会结构变迁》,社会科学文献出版社,2004。

王康:《社会学辞典》,山东人民出版社,1998。

王尚银、任丽萍:《现代化进程中的温州社会阶层结构研究》,中国文史出版社,2005。

王绍光、胡鞍钢:《中国:不平衡发展的政治经济学》,中国计划出版社,1999。

王申贺:《当代中国社会结构论》,中国展望出版社,1991。

王正毅:《边缘地带发展论——世界体系与东南亚的发展》,上海人民出版社,1997。

王正毅:《世界体系论与中国》,商务印书馆,2000。

文军:《西方社会学理论——经典传统与当代转向》,上海人民出版社,2006。

吴忠民、刘祖云:《发展社会学》,高等教育出版社,2003。

谢立中：《当代中国社会变迁导论》，河北大学出版社，2000。

谢宇：《社会学方法与定量研究》，社会科学文献出版社，2006。

杨荫凯：《中国县域经济发展论——县域经济发展的思路与出路》，中国财政经济出版社，2005。

杨云彦等：《城市就业与劳动力市场转型》，中国统计出版社，2004。

叶显恩：《清代区域社会经济研究》，中华书局，1992。

俞礼祥：《从一座城市看中国社会阶层结构的变迁》，湖北人民出版社，2004。

俞宪忠等：《流动性发展》，山东人民出版社，2006。

苑洁主编《后社会主义》，中央编译出版社，2007。

岳经纶、郭巍青：《中国公共政策评论》第 1 卷，上海人民出版社，2007。

张敦福：《区域发展模式的社会学分析》，天津人民出版社，2001。

张立升主编《社会学家茶座》第 10 辑，山东人民出版社，2005。

张京祥、罗震东、何建颐：《体制转型与中国城市空间重构》，东南大学出版社，2007。

张树义：《中国社会结构变迁的法学透视——行政法背景分析》，中国政法大学出版社，2002。

张武冰、傅马利：《新编实用中国地图册》，中国地图出版社，1999。

郑杭生：《社会学概论新修（第三版）》，中国人民大学出版社，2004。

郑杭生：《中国社会结构变化趋势研究》，中国人民大学出版社，2004。

钟水映：《人口流动与社会经济发展》，武汉大学出版社，2000。

周春山：《城市空间结构与形态》，科学出版社，2007。

周海乐等：《苏南社会结构变动研究》，人民出版社，1999。

周晓虹：《中国中产阶层调查》，社会科学文献出版社，2005。

朱舜：《行政区域经济结构与增长》，经济科学出版社，2003。

（二）学术论文

"当代中国社会结构变迁研究"课题组：《2000～2005年：我国职业结构和社会阶层结构变迁》，《统计研究》2008年第2期。

"社会发展"课题组：《当代中国社会结构的变迁》，《管理世界》1991年第1期。

白友涛：《芝加哥学派及其学术遗产》，《社会》2003年第3期。

仇立平：《职业地位：社会分层的指示器》，《社会学研究》2001年第3期。

董丽晶、张平宇：《1990年代以来沈阳市就业结构的空间分异》，《人文地理》2008年第1期。

冯健、周一星：《北京都市区社会空间结构及其演化

（1982～2000）》，《地理研究》2003 年第 7 期。

冯健：《1980 年代以来杭州市暂住人口的空间分布及演化》，《城市规划》2002 年第 6 期。

傅如良：《社会转型时期农民问题研究综述》，《农业经济》2005 年第 2 期。

高宏宇：《社会学视角下的城市空间研究》，《城市规划学刊》2007 年第 1 期。

顾朝林、C. 克斯特洛德：《北京社会极化与空间分异研究》，《地理学报》1997 年第 9 期。

郭怀英：《我国服务业面临的问题及对策》，《宏观经济研究》2003 年第 7 期。

何雪松：《社会理论的空间转向》，《社会》2006 年第 2 期。

《纪念社会学家杨庆堃教授》，广州岭南大学校友会《岭南校友》专刊 2005 年第 3 期。

姜汝祥：《体制过渡时期流动人口对社会结构的影响》，《管理世界》1997 年第 6 期。

蒋敏：《论国家与世界经济体》，《南京社会科学》2003 年第 10 期。

金喜在、孔德威：《全球化时代的劳动力流动》，《经济论坛》2003 年第 11 期。

康晓光：《未来 3～5 年大陆政治稳定性分析》，《战略与管理》2002 年第 2 期。

李春玲：《社会结构变迁中的城镇社会流动》，《社会学研究》1997 年第 5 期。

李建新：《全球化与中国人口》，《人口学刊》2002 年第 3 期。

李路路：《制度转型与阶层化机制的变迁——从"间接再生产"到"间接与直接再生产"并存》，《社会学研究》2003 年第 5 期。

李培林：《关于扩大中等收入者比重的思路》，《中国党政干部论坛》2007 年第 11 期。

李培林：《老工业基地的失业治理：后工业化和市场化——东北地区 9 家大型国有企业的调查》，《社会学研究》1998 年第 4 期。

李培林：《我国县社会的职业群体结构》，《管理世界》1990 年第 2 期。

李强、张海辉：《中国城市布局与人口高密度社会》，《战略与管理》2004 年第 3 期。

李强：《影响中国城乡流动人口的推力与拉力因素分析》，《中国社会科学》2003 年第 1 期。

李强：《"丁字型"社会结构与"结构紧张"》，《社会学研究》2005 年第 2 期。

李强：《当前中国社会结构变化的新趋势》，《经济界》2006 年第 1 期。

李强：《关于中产阶级的理论与现状》，《社会》2005 年第 1 期。

李强：《实现科学有序的社会流动》，《学会》2005 年第 4 期。

李强：《怎样看待我国社会分层的新变化?》，中国社会学网：http://news.163.com/07/0903/08/3NF1D3EA000121EP_

4. html2007，最后访问日期：2012 年 8 月 29 日。

李若建：《当代中国职业流动研究》，《人口研究》1995 年第 2 期。

李若建：《城市失业率的空间特征》，《城市规划》1997 年第 4 期。

李若建：《党政机关、群众团体行业在业人口增长的部分机制分析》，《社会科学》1997 年第 1 期。

李若建：《地位获得与障碍：基于外来人口聚集区的职业结构分析》，《中国人口科学》2006 年第 5 期。

李若建：《负责人职业的若干问题分析》，《社会科学战线》1999 年第 3 期。

李若建：《广东省在业人口职业结构时空变迁及人口流动过程中的职业流动》，《市场与人口分析》2004 年第 1 期。

李若建：《广东职业流动分析》，《社会学研究》1997 年第 3 期。

李若建：《广州工人群体变动分析》，《广东社会科学》2004 年第 4 期。

李若建：《广州市外来人口的空间分布分析》，《中山大学学报》（社会科学版）2003 年第 3 期。

李若建：《就业结构变迁对中国城市化地区差异的影响分析》，《中山大学学报》（社会科学版）2006 年第 5 期。

李若建：《流失与更替：工人、农民数量与结构变动分析》，《河南社会科学》2004 年第 3 期。

李若建：《女工：一个重生的社会阶层》，《社会学研究》2004 年第 4 期。

李伟：《辽宁城市群人口就业结构的变化》,《人口与经济》1994 年第 5 期。

李文波、蔡禾等：《改革开放下广州社会结构变迁》,《中山大学学报论丛》1997 年第 6 期。

李映映：《中国经济体制改革和社会主义市场经济体制若干问题的决定》,《人民日报》1994 年 5 月 12 日。

李云、唐子来：《1982～2000 年上海市郊区社会空间结构及其演化》,《城市规划学刊》2005 年第 6 期。

梁艺桦、谷天锋：《城镇失业人口省际差异及其与城市化耦合分析》,《经济地理》2006 年第 1 期。

梁玉成：《现代化转型与市场转型混合效应的分解——市场转型研究的年龄、时期和世代效应模型》,《社会学研究》2007 年第 4 期。

林毅夫、刘明兴：《经济发展战略与中国的工业化》,《经济研究》2004 年第 7 期。

刘海霞：《评沃勒斯坦的"世界体系"论》,《首都师范大学学报》（社会科学版）2002 年第 4 期。

刘群：《关于中国社会流动与地位获得的研究综述》,《理论导刊》2007 年第 9 期。

卢荣善：《农业现代化的本质要求：农民从身份到职业的转换》,《经济学家》2006 年第 6 期。

陆大道：《国民经济战略性结构调整的区域响应》,《地域研究与开发》2002 年第 3 期。

陆学艺：《中国社会结构的变化及发展趋势》,《云南民族大学学报》（哲学社会科学版）2006 年第 5 期。

罗铁成、高为华：《加快农业县发展的金融策略》，《农业经济问题》1994 年第 3 期。

梅东海：《社会转型期的中国农民土地意识——浙、鄂、渝三地调查报告》，《中国农村观察》2007 年第 1 期。

乔观民、丁金宏、刘振宇：《1982～2000 年中国人力资本受教育程度空间变化研究》，《人文地理》2005 年第 2 期。

渠敬东：《坚持结构分析和机制分析相结合的学科视角处理现代中国社会转型中的大问题》，《社会学研究》2007 年第 2 期。

孙立平等：《改革以来中国社会结构的变迁》，《中国社会科学》1994 年第 2 期。

田雪原：《论人口与国民经济的可持续发展》，《中国人口科学》1995 年第 1 期。

王春光：《中国职业流动中的社会不平等问题研究》，《中国人口科学》2003 年第 2 期。

王立波：《社会转型与辽宁人口职业结构的变迁》，《人口与经济》2006 年第 5 期。

王绍光：《中国公共政策议程设置的模式》，《中国社会科学》2006 年第 5 期。

王业强、魏后凯：《产业地理集中的时空特征分析——以中国 28 个两位数制造业为例》，《统计研究》2006 年第 6 期。

魏立华、闫小培：《大城市郊区化中社会空间的"非均衡破碎化"——以广州市为例》，《城市规划》2006 年第 5 期。

魏立华、闫小培：《社会经济转型期中国城市社会空间研究述评》，《城市规划汇刊》2005 年第 5 期。

魏晓文、刘志礼、刘洁：《社会结构变迁与和谐社会构建》，《理论探索》2007 年第 2 期。

吴怀连：《边缘性：中国社会结构性质分析（以重庆·合川市为例）》，博士学位论文，中国社会科学院研究生院，2000。

谢伏瞻：《当前的就业压力与增加就业的途径》，《管理世界》2003 年第 5 期。

徐寿松、赵东辉：《税收"逆调节"拉大贫富》，《瞭望》2007 年第 52 期。

轩明飞、陈俊峰：《城市空间社会结构变迁三论》，《社会》2004 年第 2 期。

杨庆堃：《中国近代空间距离之缩短》，《岭南大学学报》1950 年第 10 期。

杨上广：《大城市社会空间结构演变的动力机制研究》，《社会科学》2005 年第 10 期。

叶涯剑：《空间重构中的权力与日常生活——基于一个城市公园的案例研究》，博士学位论文，中山大学，2006。

易峥、闫小培、周春山：《中国城市社会空间结构研究的回顾与展望》，《城市规划汇刊》2003 年第 1 期。

于蜀、徐桂琼：《经济转型与中国人口职业结构的变动》，《中国人口科学》1999 年第 5 期。

虞蔚：《城市社会空间的研究与规划》，《城市规划》1986 年第 10 期。

袁志刚、范剑勇：《1978 年以来中国的工业化进程及其地区差异分析》，《管理世界》2003 年第 7 期。

袁志刚、范剑勇：《产业集聚与农村劳动力的跨区域流动》,《劳动保障》2003 年第 10 期。

张岸、齐清文:《深圳市内部人口与社会空间结构研究》,《南方人口》2006 年第 3 期。

张岸、齐清文:《基于 GIS 的城市内部人口空间结构研究——以深圳市为例》,《地理科学进展》2007 年第 1 期。

张车伟、吴要武:《城镇就业、失业和劳动参与:现状、问题和对策》,《中国人口科学》2003 年第 6 期。

张鸿雁:《市民社会与城市社会结构变迁论——城市社会结构变迁社会因素分析》,《上海社会科学院学术季刊》2002 年第 3 期。

张翼、侯慧丽:《中国各阶层人口的数量及阶层结构——利用 2000 年第五次全国人口普查所做的估计》,《中国人口科学》2004 年第 6 期。

张琢、张萍:《改革开放以来中国大陆社会结构的变化》,《开放时代》1995 年第 4 期。

甄峰、顾朝林:《广东省区域空间结构及其调控研究》,《人文地理》2000 年第 4 期。

周春山、许学强:《广州市人口空间分布特征及演变趋势分析》,《热带地理》1997 年第 1 期。

周毅:《论城市社会结构变迁》,《云梦学刊》2003 年第 5 期。

祝俊明:《上海市人口的社会空间结构分析》,《中国人口科学》1995 年第 4 期。

左学金:《什么原因导致了我国的高失业率》, http://www. 51labour. com/labour－law/show－3742. html,最后访问

日期：2009 年 3 月 10 日。

张国英：《劳动就业转型与中国失业率时空变迁》，《南方人口》2012 年第 1 期。

张国英：《广东省在业人口职业结构时空变迁：1982 ~ 2005》，《南方人口》2009 年第 1 期。

张国英、卓彩琴：《中国人口职业结构空间格局变迁 (1982 ~ 2000)》，《东岳论丛》2009 年第 5 期。

张国英、卓彩琴：《党、政、群机关负责人人口学特征的时空变迁》，《南京农业大学学报》（社会科学版）2009 年第 2 期。

二　外文部分

Anthony Giddens, *The Constitution of Society*, Berkeley: University of California Press, 1986.

Bagchi-Sen. S., B. W. Pigozzi, "Occupational and Industrial Diversification in the United States: Implications of the New Spatial Division of Labor," *Professional Geographer*, 1993.

Bagguley, P. et al., *Restructuring: Place, Class and Gender*, London: Sage, 1990.

Blau, Peter M., *Approaches to the Study of Social Structure*, New York: Free Press, 1975.

Berman, M., *All that Is Solid Melts into Air, The Experience of Modernity*, London: Verso, 1983.

Bhalla A. S., "Rural-Urban Disparities in India and China,"

World Development, 1990, 18 (8).

Bourdieu, P. , *Practical Reason*, Cambridge: Polity Press, 1998.

Bourdieu, P. , *Sociology in Question*, London: Sage, 1993.

C. Matthew Snipp, "Occupational Mobility and Social Class: Insights From Men's Career Mobility," *American Sociological Review*, 2004, 50.

C. K. Yang, "Some Preliminary Statistical Patterns of Mass Actions in Nineteenth-Century China," in Fred Wakeman, *Conflict and Control in Late Imperial China*, University of California Press, 1975.

Cai F. , Wang D. , Du Y. , "Regional Disparity and Economic Growth in China: The Impact of Labor Market Distortions," *China Economic Review*, 2002.

Caiden, Nomai, "Patterns of Budgeting," *Public Administration Review*, 1978, 38.

Chen, Chaonan, "Migration Selectivity and Its Consequences on the Occupants Structure in the Taipei Metropolises," *Journal of Population Studies*, 1991.

Chen J. , Fleisher B. M. , "Regional Income Inequality and Economic Growth in China," *Journal of Comparative Economics*, 1996, 22.

David Brown, M. J. Harrison, *A Sociology of Industrialization: An Introduction*, London: Macmillan Press Ltd. , 1978.

Diprete, Thomas A. , "Industrial Restructuring and the

Mobility Response of American Workers in the 1980s," *American Sociological Review*, 1993, 18.

Donald Treiman, "Industrialization and Social Stratification," *Sociological Inquiry*, 2007, 40.

Duncan, D. , Duncan, B. , "Residential Distribution and Occupation Stratification," *American Journal of Sociology*, 1964, 60.

Fan C. C. , "Migration in a Socialist Transitional Economy, Heterogeneity, Socioeconomic and Spatial Characteristics of Migrants in China and Guangdong," *International Migration Review*, 1999, 33 (4).

Frisby, D. , *Simmel and Since*, London: Routledge, 1992.

Frisby, D. , *Sociological Impressionism*, London: Routledge, 1992.

Goldthorpe, J. H. , *Social Mobility and Class Structure in Modern Britain*, London: Oxford University Press, 1987.

Harry B. G. et al. , "A Standard International Socio-Economic Index of Occupational Status," *Social Science Research*, 1992, 21.

Harvey, D. , "The Geopolitics of Capitalism," in Gregory and Urry (eds.) *Social Relations and Spatial Structures*, London: Macmillan. 1985.

J. Nicholas Entrikin, "Robert Park's Ecology and Human Geography." *Annals of the Association of American Geographers*, 1980, 70.

Karl Polanyi, *The Great Transformation: The Political and*

Economic Origins of Our Time, Boston: Beacon Press, 1957.

Levi, Margaret, *Of Rule and Revenue*, Berkeley: University of California Press, 1988.

Marx, K. , Engels, F. , *Manifesto of the Communist Party*, Moscow: Foreign Languages, 1888.

Massey, D. , *Spatial Divisions of Labor*, London: Macmillan, 1984.

Michael Hechter, *Internal Colonialism*, Berkeley: University of California Press, 1975.

Willbert E. Moore, "Changes in Occupational Structures," In William A. Fraunce , William H. Form (eds.), *Comparative Perspectives on Industrial Society*, Boston: Little, Brown, 1969.

Peter M. Blau et al. , *The American Occupational Structure*, New York: Wiley, 1967.

Prebisch. Raul, *The Economic Development of Latin America and Its Principal Problems*, New York: United Nations, 1950.

Robert Perrucci, "The Significance of Intra-occupational Mobility: Some Methodological and Theoretical Notes, Together with a Case Study of Engineers," *American Sociological Review*, 1961, 6.

Sayer, A. , *Method in Social Science*, London: Routledge, 1992.

Sharmistha Bagchi-Sen, " Structural Determinants of Occupational Shifts for Males and Females in the U. S. Labor Market," *Professional Geographer*, 1995, 47.

Soja, Edward, *Postmodern Geographies: The Reassertion of Space in Critical Social Theory*, London: Verso, 1989.

Todaro Michael, *Economic Development in the Third World*, Jamaica: Longman jamaica Ltd. , 1985.

Treiman, D. J. , *Occupational Prestige in Comparative Perspective*, New York: Academic Press, 1977.

Victor Nee, David Stark, *Remaking the Economic Institutions of Socialism: China and Eastern Europe*, Standford, Calif. : Standford University Press, 1989.

Victor Nee, "A Theory of Market Transition: From Redistribution to Markets in State Socialism," *American Sociological Review*, 1989, 54.

Victor Nee, "Social Inequalities in Reforming State Socialism: Between Redistribution and Market," *American Sociological Review*, 1991, 56.

Walder, Andrew G. , "Social Change in Post-Revolution China," *Annual Review of Sociology*, 1989, 15.

Wright, Erik Olin, *Class Structure and Income Determination*, London: Academic Press, 1979.

Yang D. L. , *Beyond Beijing: Liberalization and the Regions in China*, London/New York, Routledge, 1997.

Zhigang Li, Fulong Wu, "Tenure-based Residential Segregation in Post-reform Chinese Cities: A Case Study of Shanghai," *Transactions of the Institute of British Geographers*, 2008, 33.

附　录

附录一　中华人民共和国 2000 年分县地图（底图）

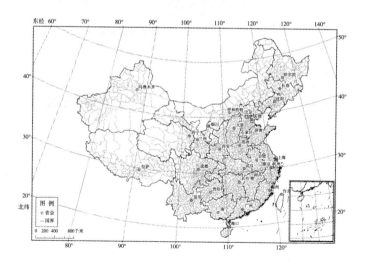

附图 1 – 1　中国分县地图（2000 年）

注：附录中所有地图均系以此底图为基础制作而成。本地图底图
来源于国家测绘地理信息局国家基础地理信息中心网站。

附录二 1982 年、1990 年与 2000 年三次产业
就业人员集中指数全国分布

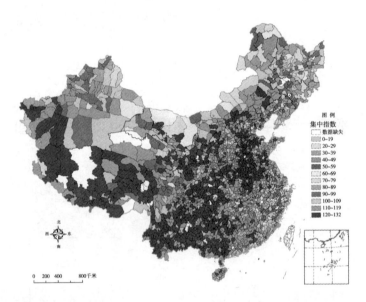

附图 2 – 1 1982 年第一产业就业人员集中指数全国分布

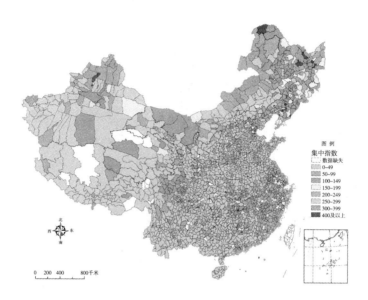

附图 2 - 2　1982 年第二产业就业人员集中指数全国分布

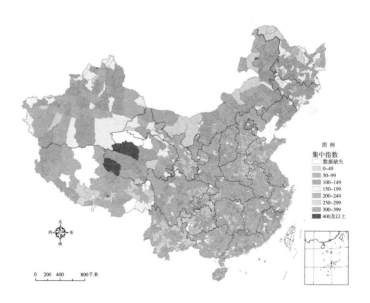

附图 2 - 3　1982 年第三产业就业人员集中指数全国分布

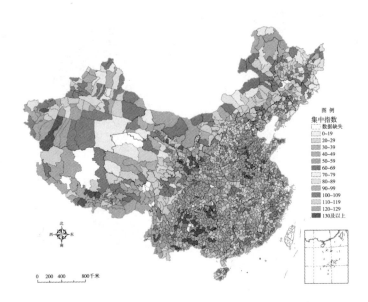

图 例
集中指数
数据缺失
0~19
20~29
30~39
40~49
50~59
60~69
70~79
80~89
90~99
100~109
110~119
120~129
130及以上

0 200 400   800千米

附图 2 − 4　1990 年第一产业就业人员集中指数全国分布

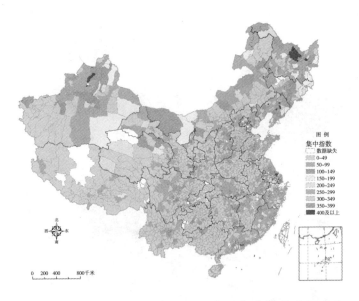

图 例
集中指数
数据缺失
0~49
50~99
100~149
150~199
200~249
250~299
300~349
350~399
400及以上

0 200 400   800千米

附图 2 − 5　1990 年第二产业就业人员集中指数全国分布

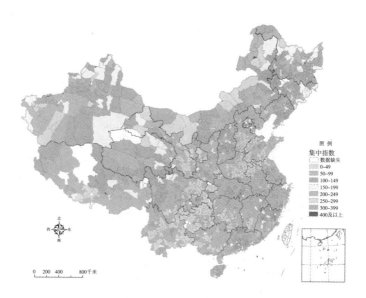

附图 2－6　1990 年第三产业就业人员集中指数全国分布

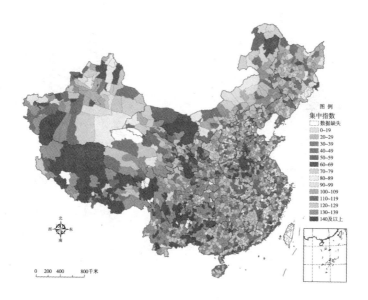

附图 2－7　2000 年第一产业就业人员集中指数全国分布

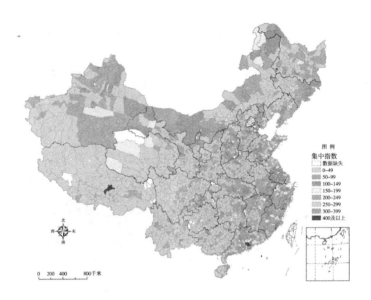

附图 2－8　2000 年第二产业就业人员集中指数全国分布

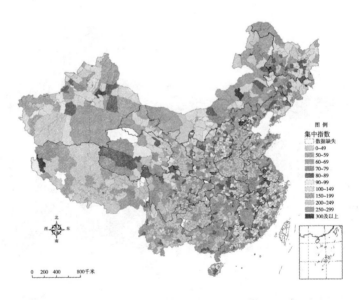

附图 2－9　2000 年第三产业就业人员集中指数全国分布

附录三　1982年、1990年与2000年分职业就业人员集中指数全国分布

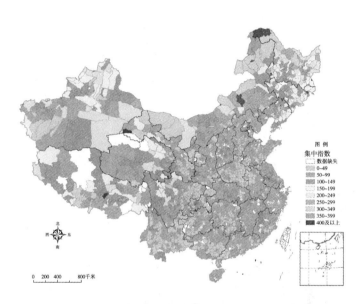

附图 3 – 1　1982 年国家机关、党群组织、企业事业单位负责人就业人员集中指数全国分布

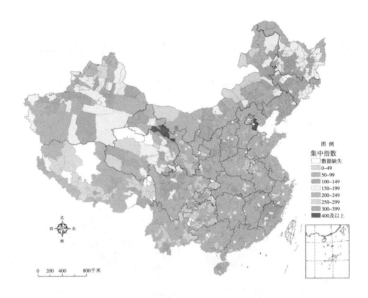

附图 3 - 2 1982 年专业技术人员就业人员集中指数全国分布

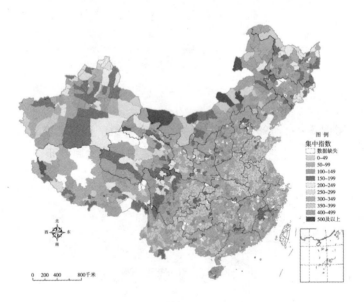

附图 3 - 3 1982 年办事人员和有关人员就业人员
集中指数全国分布

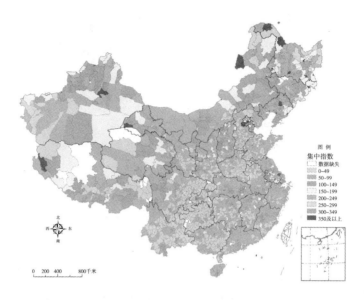

**附图 3 - 4　1990 年国家机关、党群组织、企业事业
单位负责人就业人员集中指数全国分布**

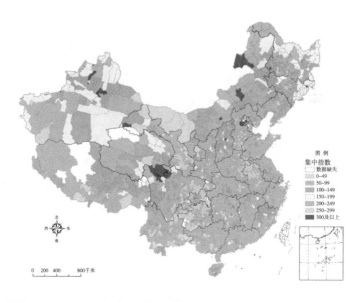

附图 3 - 5　1990 年专业技术人员就业人员集中指数全国分布

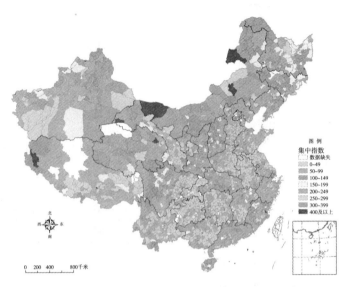

**附图 3-6　1990 年办事人员和有关人员就业人员
集中指数全国分布**

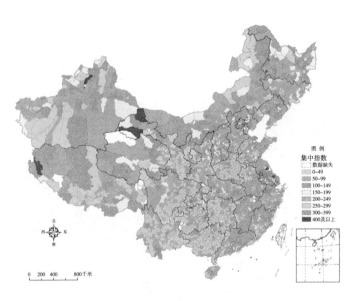

**附图 3-7　2000 年国家机关、党群组织、企业事业
单位负责人就业人员集中指数全国分布**

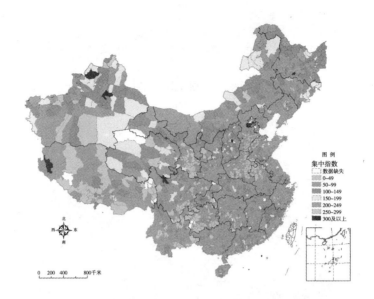

附图 3 - 8　2000 年专业技术人员就业人员集中指数全国分布

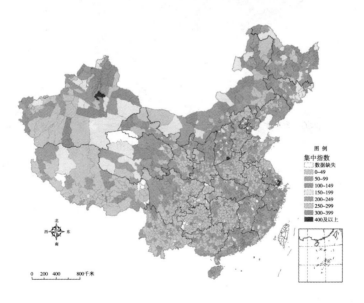

附图 3 - 9　2000 年办事人员和有关人员就业人员
集中指数全国分布

附录四 2000 年分行业就业人员集中指数全国分布

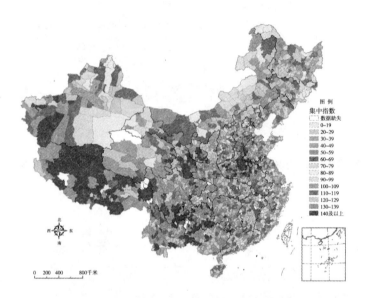

附图 4-1 农、林、牧、渔业就业人员集中指数全国分布（2000 年）

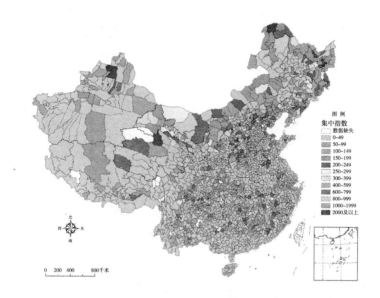

附图 4 – 2　采掘业就业人员集中指数全国分布（2000 年）

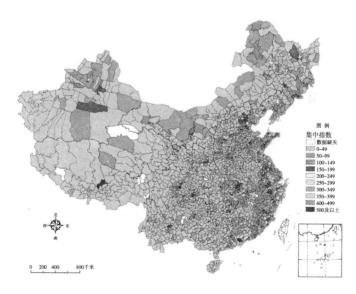

附图 4 – 3　制造业就业人员集中指数全国分布（2000 年）

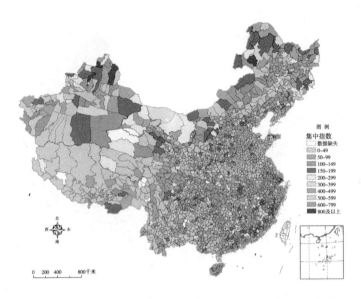

附图 4 - 4 电力、煤气及水的生产和供应业就业人员
集中指数全国分布（2000 年）

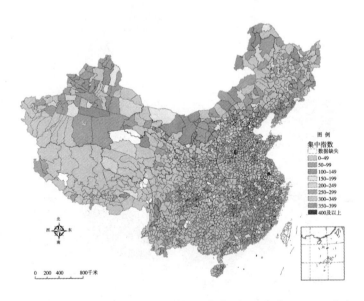

附图 4 - 5 建筑业就业人员集中指数全国分布（2000 年）

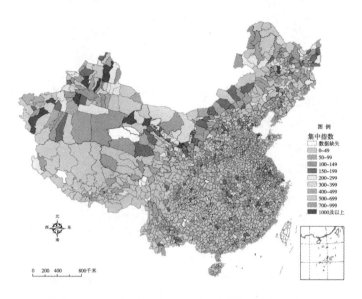

附图 4-6 地质勘查业、水利管理业就业人员
集中指数全国分布（2000 年）

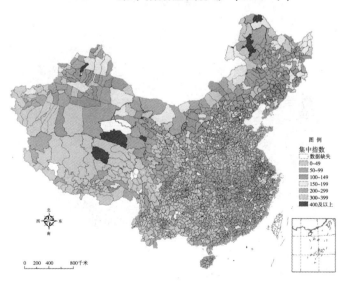

附图 4-7 交通运输、仓储及邮电通信业就业人员
集中指数全国分布（2000 年）

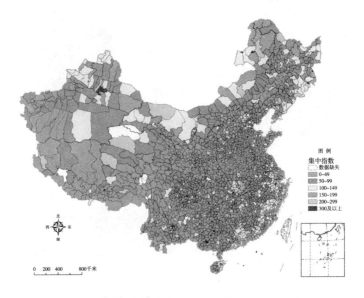

**附图 4 – 8　批发和零售贸易、餐饮业就业人员
集中指数全国分布（2000 年）**

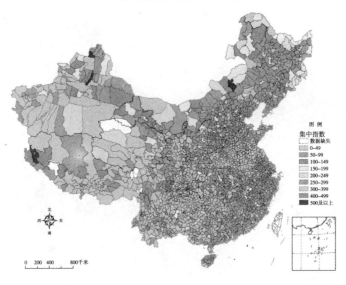

**附图 4 – 9　金融保险业就业人员集中指数
全国分布（2000 年）**

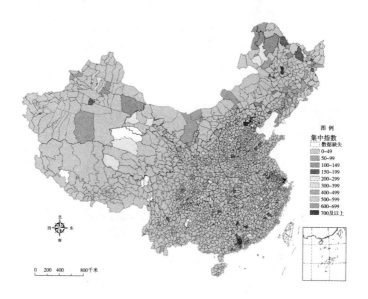

附图 4 – 10　房地产业就业人员集中指数
全国分布（2000 年）

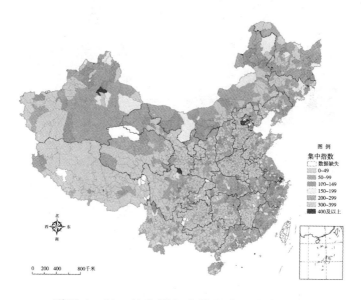

附图 4 – 11　社会服务业就业人员集中指数
全国分布（2000 年）

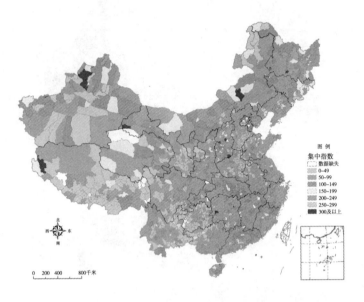

附图 4 – 12　卫生、体育和社会福利业就业人员
集中指数全国分布（2000 年）

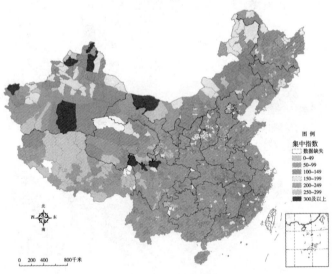

附图 4 – 13　教育、文化艺术及广播电影电视业就业
人员集中指数全国分布（2000 年）

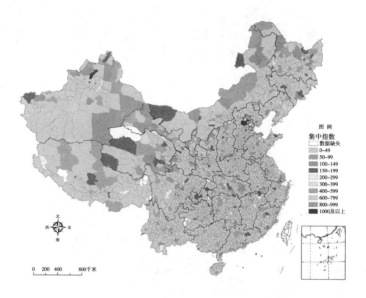

**附图 4 – 14 科学研究和综合技术服务业就业人员
集中指数全国分布（2000 年）**

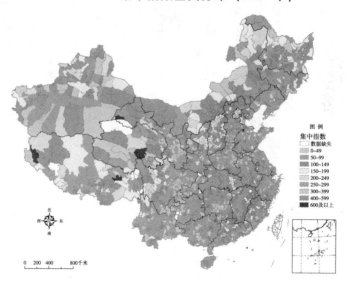

**附图 4 – 15 国家机关、政党机关和社会团体就业人员
集中指数全国分布（2000 年）**

附录五 国定贫困县基本情况与名单

附表 5-1 1993 年、2000 年国定贫困县基本情况

指 标	单位	1993 年	2000 年	2000 年比 1993 年增减 绝对数	2000 年比 1993 年增减 增长幅度（%）
社区、人口、劳动力情况					
乡（镇）个数	个	12878	11544	-1334	-10.4
村民委员会个数	个	172616	170164	-2452	-1.4
年末总人口	万人	21230	22160	930	4.4
其中:乡村人口	万人	19277	19563	286	1.5
乡村从业人员	万人	9161	10026	865	9.4
其中:农林牧渔业从业人员	万人	7676	7652	-24	-0.3
自然资源					
行政区域土地面积	平方千米	—	2427240	—	—
耕地面积	公顷	22331914	23607587	1275673	5.7
其中:有效灌溉面积	公顷	6915083	7939665	1024582	14.8

续表

指　标	单位	1993年	2000年	2000年比1993年增减	
				绝对数	增长幅度（%）
农业生产条件					
农业机械总动力	万千瓦	4182	7287	3105	74.2
化肥使用量（折纯量）	吨	4448264	6157176	1708912	38.4
农药使用量	吨	82861	136432	53571	64.7
地膜使用量	吨	63281	147228	83947	132.7
农村用电量	万千瓦时	934395	1641152	706757	75.6
国内生产总值（当年价格）	万元	—	60085186	—	—
第一产业增加值	万元	10032143	21583099.5	11550956	115.1
第二产业增加值	万元	—	20257174.9	—	—
第三产业增加值	万元	—	18238266.6	—	—
财政收入	万元	—	4212733	—	—
其中：地方财政收入	万元	1489323	2755108	1265785	85
财政支出	万元	2625971	6950188	4324217	164.7

续表

指标	单位	1993 年	2000 年	2000 年比 1993 年增减	
				绝对数	增长幅度（%）
城乡居民储蓄存款余额	万元	8415461	32436301	24020840	285.4
城镇职工年平均人数	人	9449577	8858396	-591181	-6.3
城镇职工人均工资	元	2431	6613	4181	172
农村居民人均纯收入	元	488	1338	850	174.2
农作物总播种面积	公顷	31806460	33513423	1706963	5.4
其中：粮食作物播种面积	公顷	19022421	24462317	5439896	28.6
农产品产量					
其中：粮食	吨	64200433	81228829	17028396	26.5
油料	吨	2999039	4602109	1603070	53.5
棉花	吨	349739	427456	77717	22.2
糖料	吨	8665408	11278221	2612813	30.2
水果	吨	3631969	7827212	4195243	115.5
肉类	吨	5506633	10749899	5243266	95.2

资料来源：国家统计局网站。

附表 5 - 2　新时期 592 个国家扶贫开发工作重点县名单

省份	数量（个）	县（旗、市）名称
河北	39	阳原县、崇礼县、赤城县、尚义县、万全县、怀安县、张北县、康保县、沽源县、蔚县、涞源县、阜平县、顺平县、南皮县、盐山县、东光县、海兴县、孟村县、献县、大名县、丰宁县、广平县、广宗县、巨鹿县、宽城县、临城县、灵寿县、隆化县、滦平县、平泉县、平山县、青龙县、涉县、围场县、魏县、武强县、武邑县、赞皇县、唐县
山西	35	临县、石楼县、方山县、中阳县、兴县、岚县、大宁县、永和县、隰县、汾西县、吉县、天镇县、广灵县、灵丘县、浑源县、阳高县、左权县、和顺县、武乡县、壶关县、平顺县、平陆县、娄烦县、右玉县、神池县、宁武县、五台县、河曲县、静乐县、偏关县、五寨县、保德县、繁峙县、代县、岢岚县
内蒙古	31	托克托县、和林县、清水河县、武川县、固阳县、达茂旗、巴林左旗、巴林右旗、林西县、克什克腾旗、翁牛特旗、喀喇沁旗、宁城县、敖汉旗、库伦旗、奈曼旗、准格尔旗、鄂托克前旗、杭锦旗、乌审旗、伊金霍洛旗、科右中旗、扎赉特旗、太仆寺旗、多伦县、化德县、商都县、察右前旗、察右中旗、察右后旗、四子王旗
吉林	8	大安市、通榆县、镇赉县、靖宇县、汪清县、安图县、龙井市、和龙市
黑龙江	14	绥滨县、甘南县、同江市、桦南县、延寿县、林甸县、饶河县、泰来县、杜蒙县、汤原县、抚远县、兰西县、桦川县、拜泉县
安徽	19	临泉县、阜南县、颍上县、利辛县、霍邱县、寿县、霍山县、舒城县、裕安区、金寨县、岳西县、太湖县、宿松县、枞阳县、潜山县、长丰县、无为县、石台县、泾县
江西	21	兴国县、宁都县、于都县、寻乌县、会昌县、安远县、上犹县、赣县、井冈山市、永新县、遂川县、吉安县、万安县、上饶县、横峰县、波阳县、余干县、广昌县、乐安县、修水县、莲花县
河南	31	嵩县、汝阳县、宜阳县、洛宁县、栾川县、新县、固始县、商城县、淮滨县、光山县、虞城县、睢县、宁陵县、民权县、新蔡县、确山县、平舆县、上蔡县、淅川县、桐柏县、南召县、社旗县、台前县、范县、沈丘县、淮阳县、鲁山县、封丘县、兰考县、滑县、卢氏县

省份	数量（个）	县（旗、市）名称
湖北	25	利川市、建始县、巴东县、恩施市、宣恩县、来凤县、咸丰县、鹤峰县、郧西县、竹山县、竹溪县、郧县、房县、丹江口市、英山县、罗田县、麻城市、红安县、蕲春县、长阳县、秭归县、孝昌县、大悟县、阳新县、神农架林区
湖南	20	古丈县、泸溪县、保靖县、永顺县、凤凰县、花垣县、龙山县、桑植县、平江县、新化县、安化县、新田县、隆回县、沅陵县、桂东县、通道县、城步县、邵阳县、江华县、汝城县
广西	28	环江县、罗城县、南丹县、天峨县、凤山县、东兰县、巴马县、都安县、大化县、田东县、平果县、德保县、靖西县、那坡县、凌云县、乐业县、田林县、隆林县、西林县、马山县、隆安县、天等县、龙州县、三江县、融水县、金秀县、忻城县、龙胜县
海南	5	保亭县、琼中县、五指山市、陵水县、白沙县
重庆	14	城口县、巫溪县、巫山县、奉节县、云阳县、开县、万州区、秀山县、黔江县、酉阳县、彭水县、石柱县、武隆县、丰都县
四川	36	古蔺县、叙永县、苍溪县、朝天区、旺苍县、马边县、仪陇县、嘉陵区、阆中市、南部县、屏山县、广安区、宣汉县、万源市、通江县、南江县、平昌县、壤塘县、黑水县、小金县、石渠县、理塘县、新龙县、色达县、雅江县、昭觉县、布拖县、美姑县、金阳县、雷波县、普格县、喜德县、盐源县、木里县、越西县、甘洛县
贵州	50	雷山县、望谟县、纳雍县、晴隆县、沿河县、三都县、水城县、册亨县、赫章县、松桃县、从江县、黄平县、平塘县、大方县、剑河县、紫云县、榕江县、织金县、思南县、长顺县、罗甸县、威宁县、石阡县、印江县、贞丰县、黎平县、普安县、道真县、麻江县、丹寨县、关岭县、台江县、江口县、德江县、兴仁县、岑巩县、锦屏县、务川县、正安县、习水县、六枝特区、普定县、三穗县、荔波县、天柱县、镇宁县、盘县、施秉县、独山县、安龙县

续表

省份	数量（个）	县（旗、市）名称
云南	73	宁蒗县、永胜县、泸水县、兰坪县、贡山县、福贡县、广南县、马关县、砚山县、丘北县、文山县、富宁县、西畴县、麻栗坡县、梁河县、维西县、中甸县、德钦县、东川区、禄劝县、寻甸县、永仁县、双柏县、南华县、大姚县、姚安县、昭阳区、武定县、富源县、会泽县、威信县、绥江县、盐津县、彝良县、大关县、鲁甸县、巧家县、永善县、镇雄县、施甸县、龙陵县、昌宁县、绿春县、红河县、元阳县、屏边县、金平县、泸西县、永德县、凤庆县、沧源县、镇康县、云县、临沧县、双江县、墨江县、澜沧县、镇沅县、孟连县、景东县、江城县、普洱县、西盟县、弥渡县、洱源县、南涧县、永平县、巍山县、漾濞县、鹤庆县、剑川县、云龙县、勐腊县
陕西	50	延长县、延川县、子长县、安塞县、吴旗县、宜川县、府谷县、横山县、靖边县、定边县、绥德县、米脂县、佳县、吴堡县、清涧县、子洲县、洋县、西乡县、宁强县、略阳县、镇巴县、汉滨区、汉阴县、宁陕县、紫阳县、岚皋县、镇坪县、旬阳县、白河县、商州区、洛南县、丹凤县、商南县、山阳县、镇安县、柞水县、印台区、耀县、宜君县、合阳县、蒲城县、白水县、永寿县、彬县、长武县、旬邑县、淳化县、麟游县、太白县、陇县
甘肃	43	武都县、宕昌县、礼县、西和县、文县、康县、两当县、临潭县、舟曲县、卓尼县、夏河县、合作市、临夏县、和政县、积石山县、广河县、康乐县、东乡县、永靖县、张家川县、武山县、清水县、甘谷县、秦安县、北道区、庄浪县、静宁县、华池县、环县、合水县、宁县、镇原县、定西县、通渭县、临洮县、陇西县、渭源县、漳县、岷县、榆中县、会宁县、天祝县、古浪县
青海	15	大通县、湟中县、平安县、乐都县、民和县、循化县、化隆县、尖扎县、泽库县、达日县、甘德县、玉树县、囊谦县、杂多县、治多县
宁夏	8	西吉县、海原县、固原县、隆德县、泾原县、彭阳县、盐池县、同心县
新疆	27	墨玉县、塔什库尔干县、皮山县、于田县、英吉沙县、洛浦县、疏附县、策勒县、和田县、阿克陶县、叶城县、柯坪县、伽师县、阿合奇县、岳普湖县、莎车县、民丰县、疏勒县、乌恰县、托里县、尼勒克县、乌什县、阿图什市、巴里坤县、察布查尔县、青河县、吉木乃县

资料来源：国务院扶贫办网站。

附表 5–3　民族自治地方国家扶贫工作重点县一览

省份	数量（个）	县（旗、市）名称
河北	5	丰宁满族自治县、宽城满族自治县、围场满族蒙古族自治县、青龙满族自治县、孟村回族自治县
内蒙古	31	托克托县、武川县、林格尔县、清水河县、固阳县、达尔罕茂名安联合旗、宁城县、林西县、巴林左旗、巴林右旗、克什克腾旗、翁牛特旗、喀喇沁旗、敖汉旗、库伦旗、奈曼旗、科尔沁右翼中旗、扎赉特旗、多伦旗、太仆寺旗、化德县、商都县、察哈尔右翼前旗、察哈尔右翼中旗、察哈尔右翼后旗、四子王旗、准格尔旗、鄂托克前旗、杭锦旗、乌审旗、伊金霍洛旗
吉林	4	龙井市、和龙市、汪清县、安图县
黑龙江	1	杜尔伯特蒙古族自治县
湖北	9	长阳土家族自治县、恩施市、利川市、建始县、巴东县、宣恩县、咸丰县、来凤县、鹤峰县
湖南	11	桑植县、江华瑶族自治县、城步苗族自治县、通道侗族自治县、泸溪县、凤凰县、花垣县、保靖县、古丈县、永顺县、龙山县
广西	28	龙胜各族自治县、隆安县、马山县、天等县、龙州县、田东县、平果县、德保县、靖西县、那坡县、凌云县、乐业县、西林县、田林县、隆林各族自治县、南丹县、天峨县、凤山县、东兰县、巴马瑶族自治县、都安瑶族自治县、大化瑶族自治县、罗城仫佬族自治县、环江毛南族自治县、忻城县、三江侗族自治县、融水苗族自治县、金秀瑶族自治县
海南	5	五指山市、白沙黎族自治县、琼中黎族苗族自治县、陵水黎族自治县、保亭黎族苗族自治县
重庆	5	黔江区、石柱土家族自治县、彭水苗族土家族自治县、酉阳土家族苗族自治县、秀山土家族苗族自治县
四川	20	马边彝族自治县、小金县、黑水县、壤塘县、雅江县、新龙县、石渠县、色达县、理塘县、盐源县、普格县、布拖县、金阳县、昭觉县、喜德县、越西县、甘洛县、美姑县、雷波县、木里藏族自治县

省份	数量（个）	县（旗、市）名称
贵州	36	道真仡佬族苗族自治县、务川仡佬族苗族自治县、关岭布依族苗族自治县、镇宁布依族苗族自治县、紫云苗族布依族自治县、威宁彝族回族苗族自治县、印江土家族苗族自治县、沿河土家族自治县、松桃苗族自治县、黄平县、施秉县、三穗县、岑巩县、天柱县、锦屏县、剑河县、台江县、黎平县、榕江县、从江县、雷山县、麻江县、丹寨县、荔波县、独山县、平塘县、罗甸县、长顺县、三都水族自治县、兴仁县、普安县、晴隆县、贞丰县、望谟县、册亨县、安龙县
云南	51	禄劝彝族苗族自治县、寻甸回族彝族自治县、宁蒗彝族自治县、普洱哈尼族彝族自治县、墨江哈尼族自治县、景东彝族自治县、镇沅彝族哈尼族拉祜族自治县、江城哈尼族彝族自治县、孟连傣族拉祜族佤族自治县、澜沧拉祜族自治县、西盟佤族自治县、双江拉祜族佤族布朗族傣族自治县、沧源佤族自治县、梁河县、泸水县、福贡县、贡山独龙族怒族自治县、兰坪白族普米族自治县、香格里拉县、德钦县、维西傈僳族自治县、弥渡县、永平县、云龙县、洱源县、剑川县、鹤庆县、漾濞彝族自治县、南涧彝族自治县、巍山彝族回族自治县、双柏县、南华县、姚安县、大姚县、永仁县、武定县、绿春县、泸西县、元阳县、红河县、金平苗族瑶族傣族自治县、屏边苗族自治县、文山县、砚山县、西畴县、麻栗坡县、马关县、丘北县、广南县、富宁县、勐腊县
甘肃	14	张家川回族自治县、天祝藏族自治县、临夏县、康乐县、永靖县、广河县、和政县、东乡族自治县、积石山保安族东乡族撒拉族自治县、合作市、临潭县、卓尼县、舟曲县、夏河县
青海	12	大通回族土族自治县、民和回族土族自治县、化隆回族自治县、循化撒拉族自治县、尖扎县、泽库县、甘德县、达日县、玉树县、杂多县、治多县、囊谦县
宁夏	8	盐池县、同心县、固原县、海原县、西吉县、隆德县、泾源县、彭阳县
新疆	27	疏附县、疏勒县、英吉沙县、莎车县、叶城县、岳普湖县、伽师县、塔什库尔干塔吉克自治县、乌什县、柯坪县、和田县、墨玉县、皮山县、洛浦县、策勒县、于田县、民丰县、巴里坤哈萨克自治县、阿图什市、阿克陶县、阿合奇县、乌恰县、尼勒克县、察布查尔锡伯自治县、托里县、青河县、吉木乃县

省份	数量 （个）	县（旗、市）名称
西藏	74	拉萨市城关区、林周县、当雄县、尼木县、曲水县、堆龙德庆县、达孜县、墨竹工卡县、那曲县、嘉黎县、比如县、聂荣县、安多县、申扎县、索县、班戈县、巴青县、尼玛县、昌都县、江达县、贡觉县、类乌齐县、丁青县、察雅县、八宿县、左贡县、芒康县、洛隆县、边坝县、林芝县、工布江达县、米林县、墨脱县、波密县、察隅县、朗县、乃东县、扎囊县、贡嘎县、桑日县、琼结县、曲松县、措美县、洛扎县、加查县、隆子县、错那县、浪卡子县、日喀则市、南木林县、江孜县、定日县、萨迦县、拉孜县、昂仁县、谢通门县、白朗县、仁布县、康马县、定结县、仲巴县、亚东县、吉隆县、聂拉木县、萨嘎县、岗巴县、樟木口岸办事处、噶尔县、普兰县、札达县、日土县、革吉县、改则县、措勤县

资料来源：国家民族委员会网站。

附录六　全国百强县状况

附表6-1　2004年县（市）社会经济综合发展指数前100名县名单

位次	代码	县　名	综合指数	发展水平指数	发展活力指数	发展潜力指数
1	440681	顺德区	99.840	105.930	95.454	75.131
2	320583	昆山市	96.676	103.134	99.619	66.458
3	320281	江阴市	95.812	102.645	87.090	70.829
4	320582	张家港市	95.498	103.383	89.681	64.770
5	320581	常熟市	95.286	103.047	92.593	63.285
6	440682	南海区	93.074	98.825	80.940	74.688
7	330181	萧山区	85.632	91.068	85.861	61.285
8	320483	武进区	84.703	89.213	83.604	64.881

位次	代码	县　　名	综合指数	发展水平指数	发展活力指数	发展潜力指数
9	320584	吴江市	82.098	84.614	98.289	60.991
10	330621	绍兴县	81.998	84.668	92.102	63.530
11	310225	南汇区	80.139	83.151	82.823	64.474
12	310226	奉贤区	79.938	83.106	86.377	61.461
13	330227	鄞州区	79.482	81.358	94.138	61.956
14	320585	太仓市	78.348	80.394	99.292	56.856
15	320282	宜兴市	76.391	78.829	78.320	63.721
16	330282	慈溪市	75.437	76.630	88.801	61.673
17	330782	义乌市	74.765	76.273	84.264	61.785
18	350582	晋江市	73.551	75.436	78.333	61.653
19	330281	余姚市	72.580	72.090	94.550	61.795
20	330184	余杭区	72.408	74.005	81.435	59.331
21	371082	荣成市	72.224	73.871	80.747	59.222
22	371081	文登市	70.604	71.624	83.435	57.975
23	330481	海宁市	69.408	70.295	81.407	57.851
24	440683	三水区	68.834	68.111	85.275	62.260
25	370681	龙口市	68.809	69.069	82.621	59.093
26	350581	石狮市	68.243	66.764	87.799	63.597
27	440183	增城市	67.216	65.182	84.724	66.571
28	331021	玉环县	66.923	67.956	78.740	54.842
29	330421	嘉善县	66.662	65.068	92.079	59.378
30	330183	富阳市	66.632	67.034	74.641	59.638
31	330482	平湖市	66.242	64.141	93.951	60.228
32	330681	诸暨市	65.789	66.868	68.886	58.612
33	331081	温岭市	65.685	67.364	69.489	55.354
34	330483	桐乡市	65.512	68.107	75.020	48.051
35	330424	海盐县	65.232	65.627	75.163	57.147
36	350181	福清市	65.147	64.641	66.583	66.745
37	152501	二连浩特市	64.789	60.334	78.407	80.182

位次	代码	县　名	综合指数	发展水平指数	发展活力指数	发展潜力指数
38	321182	扬中市	64.691	64.437	74.640	59.671
39	321181	丹阳市	64.487	65.277	67.224	58.889
40	330382	乐清市	64.447	65.338	63.575	60.665
41	441381	惠阳区	63.917	59.870	85.184	72.016
42	440684	高明区	63.917	60.465	92.381	64.509
43	110224	大兴区	63.718	62.338	79.651	60.709
44	330381	瑞安市	63.621	64.900	66.576	55.620
45	330521	德清县	62.806	61.238	79.891	60.092
46	330682	上虞市	62.267	62.591	70.089	55.770
47	330784	永康市	61.894	60.226	79.433	59.427
48	370284	胶南市	61.737	61.465	71.602	56.866
49	440782	新会区	61.507	58.439	83.389	63.855
50	320482	金坛市	61.289	59.516	74.311	62.049
51	370883	邹城市	61.079	62.279	60.506	55.654
52	110227	怀柔区	60.726	57.165	88.365	62.483
53	370783	寿光市	60.123	57.062	80.320	63.453
54	370685	招远市	60.050	58.320	79.580	56.789
55	110228	密云县	59.972	56.415	84.034	63.768
56	370181	章丘市	59.935	58.081	74.136	60.412
57	370684	蓬莱市	59.626	58.343	80.061	53.658
58	370281	胶州市	59.618	57.477	84.275	55.606
59	410181	巩义市	59.257	57.052	69.428	64.114
60	310230	崇明县	59.237	57.279	71.141	61.673
61	370882	兖州市	59.116	58.141	61.931	62.228
62	330283	奉化市	58.975	58.865	66.770	54.574
63	330522	长兴县	58.628	57.278	71.144	57.532
64	370282	即墨市	58.501	55.907	89.523	53.447
65	330783	东阳市	58.177	57.546	69.951	53.942
66	370634	长岛县	58.104	54.072	89.961	60.222
67	320481	溧阳市	58.008	56.293	68.455	60.076
68	330225	象山县	57.878	56.432	78.170	52.818
69	120221	宁河县	57.776	53.763	82.080	64.080

位次	代码	县 名	综合指数	发展水平指数	发展活力指数	发展潜力指数
70	152701	东胜区	57.751	54.628	75.556	62.913
71	131082	三河市	57.721	54.476	73.577	64.773
72	652801	库尔勒市	57.674	56.859	65.041	57.020
73	320683	通州市	57.604	56.913	66.641	55.297
74	330922	嵊泗县	57.556	58.277	56.964	54.417
75	320684	海门市	57.512	58.355	62.790	50.146
76	210381	海城市	57.466	59.774	51.990	50.176
77	210224	长海县	57.368	54.030	64.033	71.066
78	440784	鹤山市	57.219	52.993	86.818	61.722
79	110226	平谷区	56.982	50.915	88.153	71.698
80	370683	莱州市	56.945	55.944	74.648	51.157
81	321282	靖江市	56.820	55.315	61.890	61.235
82	330624	新昌县	56.609	55.963	68.027	52.671
83	440783	开平市	56.189	50.760	93.218	63.644
84	231081	绥芬河市	55.965	49.909	80.241	74.993
85	350182	长乐市	55.942	54.161	56.422	65.040
86	330185	临安市	55.937	53.833	74.722	55.080
87	350521	惠安县	55.843	54.534	57.304	61.655
88	659001	石河子市	55.645	52.282	69.585	64.643
89	510123	温江县	55.504	54.868	70.061	49.726
90	440421	斗门区	55.404	50.960	87.158	60.043
91	370321	桓台县	55.178	54.121	61.550	56.397
92	330122	桐庐县	54.994	51.335	81.945	57.894
93	510122	双流县	54.949	53.898	70.001	50.910
94	330226	宁海县	54.894	52.544	76.652	53.652
95	140882	河津市	54.723	52.183	60.107	64.688
96	371083	乳山市	54.627	52.367	71.734	55.579
97	130283	迁安市	54.393	53.338	52.671	61.083
98	321081	仪征市	53.921	50.790	69.170	60.805
99	130185	鹿泉市	53.615	51.068	61.893	61.675
100	152601	集宁区	53.609	48.487	68.256	73.097

资料来源：国家统计局。

附录七　各地区农村经济与农民收入状况

附表 7－1　各地区农村经济在国民经济中的地位（2000 年）

单位：%

省份	第一产业增加值占国内生产总值比重	第一产业人员占从业人员比重	乡村人口占总人口比重	县及县以下消费品零售额占全社会消费品零售额比重
北　京	3.6	11.7	22.5	21.1
天　津	4.5	19.9	28	23.4
河　北	16.2	48.8	73.9	53.6
山　西	10.9	46.7	65.1	41.3
内蒙古	25	54.5	57.3	40.4
辽　宁	10.8	37.7	45.8	17.2
吉　林	21.9	50.2	50.3	26.5
黑龙江	11	49.5	48.5	28.2
上　海	1.8	13.1	11.7	18.8
江　苏	12	42.2	58.5	38.6
浙　江	11	37.8	51.3	45.4
安　徽	24.1	59.8	72.2	52.7
福　建	16.3	46.9	58.4	43.3
江　西	24.2	51.9	72.3	52.7
山　东	14.9	53.1	62	38.2
河　南	22.6	64.1	76.8	51.1
湖　北	15.5	48	59.8	36.9
湖　南	21.3	60.8	70.3	48
广　东	10.4	41.1	45	34
广　西	26.4	62.2	71.9	51.5

省份	第一产业增加值占国内生产总值比重	第一产业人员占从业人员比重	乡村人口占总人口比重	县及县以下消费品零售额占全社会消费品零售额比重
海　南	37.9	61.3	59.9	34.1
重　庆	17.8	56.5	66.9	43.8
四　川	23.6	59.6	73.3	53.2
贵　州	27.3	67.3	76.1	42.6
云　南	22.3	73.9	76.6	47
西　藏	30.9	73.8	81.1	62
陕　西	16.8	55.7	67.7	34.1
甘　肃	19.7	59.7	76	35.5
青　海	14.6	60.9	65.2	38.2
宁　夏	17.3	57.8	67.6	34.7
新　疆	21.1	57.7	66.2	37.6

　　资料来源：国家统计局。

附表 7-2　各地区农村居民人均纯收入

单位：元

地　区	1990 年	1995 年	1999 年	2000 年
全　国	686.3	1577.74	2210.34	2253.42
北　京	1297.05	3223.65	4226.59	4604.55
天　津	1069.04	2406.38	3411.11	3622.39
河　北	621.67	168.73	2441.5	2478.86
山　西	603.51	1208.3	1772.62	1905.61
内蒙古	607.15	1208.38	2002.93	2038.21
辽　宁	836.17	1756.5	2501.04	2355.58
吉　林	803.52	1609.6	2260.59	2022.5

续表

地 区	1990 年	1995 年	1999 年	2000 年
黑龙江	759.86	1766.27	2165.93	2148.22
上 海	1907.32	4245.61	5409.11	5596.37
江 苏	959.06	2456.86	3495.2	3595.09
浙 江	1099.04	2966.19	3948.39	4253.67
安 徽	539.16	1302.82	1900.29	1934.57
福 建	764.41	2048.59	3091.39	3230.49
江 西	669.9	1537.36	2129.45	2135.3
山 东	680.18	1715.09	2549.58	2659.2
河 南	526.95	1231.97	1948.36	1985.82
湖 北	670.8	1511.22	2217.08	2268.59
湖 南	664.24	1425.16	2127.46	2197.16
广 东	1043.03	2699.24	3628.95	3654.48
广 西	639.45	1446.14	2048.33	1864.51
海 南	696.22	1519.71	2087.46	2182.26
重 庆	—	—	1736.63	1892.44
四 川	557.76	1158.29	1843.47	1903.6
贵 州	435.14	1086.62	1363.07	1374.16
云 南	540.86	1010.97	1437.63	1478.6
西 藏	649.71	1200.31	1309.46	1330.81
陕 西	530.8	962.89	1455.86	1443.86
甘 肃	430.98	880.34	1357.28	1428.68
青 海	559.78	1029.77	1466.67	1490.49
宁 夏	578.13	998.75	1754.15	1724.3
新 疆	683.47	1136.45	1473.17	1618.08

资料来源：国家统计局。

附录八 中国 2000 年地级市综合经济统计

附表 8－1 中国 2000 年地级市综合经济统计

单位：%

城 市	第一产业产值占 GDP 比重		第二产业产值占 GDP 比重		第三产业产值占 GDP 比重	
	地区	市区	地区	市区	地区	市区
城市合计	15.1	4.8	46.6	50.3	38.3	44.8
1. 北京	3.6	2.7	38.1	37.7	58.3	59.6
2. 天津	4.5	2.6	50	50.1	45.5	47.3
3. 河北	17.5	2.8	47.7	54.5	34.8	42.7
石家庄	14.6	1.2	46.5	46.9	38.9	51.9
唐山	18.9	3.4	50.5	64.5	30.6	32.1
秦皇岛	13.7	3.3	36.4	37.1	49.9	59.6
邯郸	17.5	1.2	47.6	76.4	34.8	22.4
邢台	21.2	1.8	52.2	77.3	26.6	20.9
保定	20.5	2.9	44.6	48.7	35	48.4
张家口	14.3	1.8	42.3	48.5	43.4	49.7
承德	16.3	2.1	44.7	67.5	38.9	30.4
沧州	17.6	1.7	50.1	54.7	32.3	43.6
廊坊	17.2	12.9	51.6	41.7	31.1	45.5
衡水	18.7	7	53.7	50.6	27.6	42.4
4. 山西	11.4	3.7	50.3	52.4	38.3	44
太原	4.3	2.2	48.7	47.8	47	50
大同	7.8	3.2	50.7	54	41.5	42.8
阳泉	2.8	0.9	57.9	58.1	39.2	41
长治	14.4	1.8	54.2	65.2	30.8	33
晋城	8.3	1.1	53.2	55.1	38.5	43.7
朔州	18.9	6.8	44.9	58.9	36.2	34.4

城　　市	第一产业产值占 GDP 比重		第二产业产值占 GDP 比重		第三产业产值占 GDP 比重	
	地区	市区	地区	市区	地区	市区
晋中	15	12	49.1	44.2	35.9	43.8
运城	21	8.9	49.6	50.2	29.4	40.9
忻州	20.5	18.5	38.4	39.5	41.1	41.9
临汾	13.5	5.8	51.9	49	34.6	45.2
5. 内蒙古	19.8	7.4	44.5	53.4	35.7	39.2
呼和浩特	14	3.7	43.8	44.7	42.2	51.6
包头	8.4	2.8	60	66.1	31.6	31.1
乌海	3.1	3.1	64.4	64.4	32.5	32.5
赤峰	28.1	12.7	33.4	39.9	38.5	47.3
通辽	39.5	26.9	28.5	39.7	32	33.4
6. 辽宁	10.7	3.4	48.6	51.6	40.7	45
沈阳	6.3	2.1	44.2	45.6	49.4	52.3
大连	9.5	5.1	46.6	43.5	44	51.4
鞍山	7.8	1.3	56.1	60.6	36.1	38.1
抚顺	8.1	2.9	59.8	62.1	32.1	35
本溪	8.6	4.2	51.7	55.2	39.7	40.6
丹东	19.1	2.3	36.9	38.7	44.1	58.9
锦州	25.5	6.7	37.1	47.3	37.4	46
营口	15.2	13.1	48.4	47.4	36.5	39.5
阜新	13.8	2.2	38.9	45.9	47.3	51.9
辽阳	12.9	3.2	47.9	55.5	39.1	41.3
盘锦	7.4	1	75.6	83.6	17	15.4
铁岭	30.7	5.3	34.3	55.1	35	39.7
朝阳	22.9	5.4	33.4	48.8	43.7	45.8
葫芦岛	15	7.3	45.7	54.4	39.3	38.3
7. 吉林	20.5	4.9	40.3	49.5	39.2	45.6
长春	14.3	3.5	43.2	49.4	42.5	47.1

城　市	第一产业产值占 GDP 比重		第二产业产值占 GDP 比重		第三产业产值占 GDP 比重	
	地区	市区	地区	市区	地区	市区
吉林	16.2	6.4	39.5	46.5	44.2	47
四平	40.4	2.6	25.5	50	34.1	47.3
辽源	28.4	3.4	31.2	35.1	40.4	61.4
通化	21.9	4.3	42.1	55.2	36	40.5
白山	20.7	12.8	49.6	55.2	29.7	31.9
松原	32.6	6.9	43.7	72.1	23.7	20.9
白城	37.3	19.1	29.6	36.4	33.1	44.5
8. 黑龙江	16.1	3.9	50.9	64.9	33	31.2
哈尔滨	17.6	5.7	33.9	36.8	48.5	57.5
齐齐哈尔	29	6.9	32.8	43.1	38.1	50
鸡西	27.3	9.1	41	52.4	31.8	38.5
鹤岗	27.6	9.4	38.5	56.3	33.9	34.3
双鸭山	29.4	5.7	38	53.2	32.6	41.2
大庆	1.8	0.4	89.7	92.3	8.5	7.3
伊春	16.3	10.3	49.3	50.7	26.1	39
佳木斯	29.8	7.2	27.1	37	43	55.8
七台河	12.4	3.3	48.6	58.7	38.9	37.9
牡丹江	13.5	2.7	43.4	49.3	43.1	48
黑河	32.1	11.7	22.5	24.1	45.3	64.1
绥化	28.1	18.3	28.2	27.1	43.7	54.6
9. 上海	1.8	1	47.5	47.4	50.6	51.6
10. 江苏	12.5	1.9	50.3	54.5	37.2	43.6
南京	5.4	0.9	48.4	48.1	46.2	50.9
无锡	4	0.9	56.9	54.2	39.1	44.9
徐州	18.4	2.3	45.6	53	36	44.7
常州	7.5	2	56.1	61.5	36.4	36.4
苏州	5.9	1.8	56.5	60.5	37.6	37.7

续表

城　市	第一产业产值占 GDP 比重		第二产业产值占 GDP 比重		第三产业产值占 GDP 比重	
	地区	市区	地区	市区	地区	市区
南通	17.6	1.5	48.1	57.4	34.3	41.1
连云港	25.3	6.6	43.2	57.1	31.5	36.3
淮安	30.3	5	40	59.5	29.7	35.5
盐城	30.1	6.9	38.6	47.8	31.3	45.3
扬州	13.3	1.7	49	55.3	37.6	43
镇江	7.1	1.1	55.4	55.3	37.5	43.7
泰州	16.3	4	47.2	65.6	36.5	30.4
宿迁	37.9	5.6	35.3	52.8	26.8	41.5
11. 浙江	10.2	5.3	55.3	51.6	34.5	43
杭州	7.5	2.1	51.3	46.3	41.2	51.6
宁波	8.1	2.9	56	50.3	35.8	46.8
温州	6.6	1.7	57.5	57.8	35.9	40.5
嘉兴	11.1	10.2	58.7	56.2	30.2	33.6
湖州	13.8	12	56.5	57.3	29.7	30.6
绍兴	10	6.2	60.6	45.8	29.4	48
金华	9.4	5.6	56.6	45.4	33.9	49.1
衢州	20.7	5.2	46.7	54.3	32.6	40.5
舟山	29	22.2	33.3	38.5	37.8	39.3
台州	13.2	7.9	58.1	62.5	28.7	29.7
丽水	25.8	22	39.2	44.5	35	33.5
12. 安徽	25.1	10.4	40.1	49.8	34.8	39.8
合肥	11.4	1.9	48.6	56.5	40	41.6
芜湖	11.4	1.7	52.4	58.3	36.3	40
蚌埠	25.4	3.3	39.2	51.9	35.4	44.8
淮南	13.8	9	46.6	50.7	39.6	40.3
马鞍山	10	1.4	58.9	65.2	31.1	33.4
淮北	15.6	3.6	49	61.6	35.3	34.7

城　市	第一产业产值占 GDP 比重		第二产业产值占 GDP 比重		第三产业产值占 GDP 比重	
	地区	市区	地区	市区	地区	市区
铜陵	6.8	1.6	55.6	59	37.6	39.5
安庆	23.5	2.1	44.6	52.1	31.9	45.8
黄山	23.1	17.6	29.8	28.9	47.2	53.5
滁州	27.9	14.7	40.5	45.7	31.6	39.7
阜阳	41.9	27.1	26	35.6	32.1	37.2
宿州	45.6	36.7	22.3	28.4	32.1	34.9
巢湖	28.7	16.2	38.6	46.8	32.7	37
六安	37.5	32.4	31.6	32.3	31	35.4
亳州	41.4	27.9	26	30.3	32.6	41.8
池州	29.9	23	35.1	41.4	35	35.6
宣城	23.7	22.5	38.1	37.6	38.1	39.8
13. 福建	15.4	4.9	46.4	49.1	38.2	46
福州	13.5	2.1	46.5	45.7	40	52.2
厦门	4.2	4.2	52.8	52.8	43	43
莆田	18.5	6.6	48.7	51	32.8	42.4
三明	27.6	7.7	39.7	55.3	32.8	37
泉州	7.7	2.7	53.5	49.5	38.7	47.8
漳州	23.8	5.4	39.5	43.6	36.7	51
南平	27.5	15.5	34.8	49.7	37.7	34.8
龙岩	24.5	10.8	41.2	54.9	34.2	34.3
宁德	30.1	22.9	34.7	28.7	35.2	48.4
14. 江西	24.4	6.9	39.4	50.5	36.2	42.6
南昌	10.6	1.5	47.2	52.9	42.2	45.6
景德镇	11.1	2.7	50.9	56.7	38	40.5
萍乡	14.5	7.4	54.3	59.4	31.3	33.2
九江	19	2	46	54.6	35	43.4
新余	20.5	17.1	43.7	44.6	35.7	38.4

城　　市	第一产业产值占GDP比重		第二产业产值占GDP比重		第三产业产值占GDP比重	
	地区	市区	地区	市区	地区	市区
鹰潭	20.1	4.3	41.1	24.9	38.8	70.8
赣州	34.6	5.6	29.4	52	36	42.5
吉安	37.4	19.4	31.3	37.6	31.3	43
宜春	36.7	28.9	30.6	35.4	32.7	35.7
抚州	36.2	24.6	36.5	40.4	27.4	35
上饶	32.7	11.4	29.2	40.8	38.1	47.8
15. 山东	16.6	6.8	49.2	55.2	34.2	38
济南	10	2.8	44	44	46.1	53.2
青岛	12.2	3.3	48.7	51.7	39.1	45
淄博	7.4	4.9	58.8	63.5	33.9	31.6
枣庄	16.8	15.8	49.5	52.8	33.8	31.4
东营	6.5	2	81.6	90.1	11.9	7.9
烟台	14.3	5.5	51.8	56.6	33.8	37.9
潍坊	20.4	7.1	46.1	57.2	33.5	35.7
济宁	19.8	10.7	43	46.6	37.2	42.7
泰安	17.7	13	44.9	43.1	37.4	43.9
威海	15.3	9.1	52.6	48.9	32.1	42
日照	24.4	22.2	39.1	38.3	36.6	39.5
莱芜	11.8	11.8	50.2	50.2	38	38
临沂	20.5	8.2	46.7	53.6	32.8	38.2
德州	26.1	7.4	42.8	55.3	31.1	37.3
聊城	32.5	25.5	41.7	44.2	25.8	30.3
滨州	22.7	13.2	48.3	46.7	28.9	40.1
菏泽	50.2	31.7	26.7	34.7	23.1	33.7
16. 河南	22.7	5.9	45.9	50.6	31.5	43.6
郑州	5.7	2	49.2	34.6	45.1	63.5
开封	32	6.4	35.4	41.3	32.5	52.2

城　市	第一产业产值占 GDP 比重		第二产业产值占 GDP 比重		第三产业产值占 GDP 比重	
	地区	市区	地区	市区	地区	市区
洛阳	9.3	1.7	54.6	53.9	36.1	44.4
平顶山	15.1	2.2	52.4	61	32.5	36.9
安阳	20.8	1.9	47.8	60.6	31.4	37.6
鹤壁	22.5	7.5	48.6	57.1	28.9	35.4
新乡	23.9	2.6	41.6	50.1	34.6	47.3
焦作	17.2	3.9	50.6	64	32.2	32.1
濮阳	21.5	3.6	54.6	72.9	24	23.5
许昌	21.1	2.5	52.8	67.6	26.1	29.9
漯河	23.3	1.7	54.1	67	22.6	31.3
三门峡	13.4	2.1	52.4	53.3	34.3	44.6
南阳	29.6	15.8	45.7	55.2	24.7	29.1
商丘	43.4	30	30.2	31.7	26.4	38.3
信阳	35.3	19.1	34.3	39.4	30.5	41.5
周口	39.2	5.8	37.1	45.7	23.7	48.4
驻马店	34	3.8	39.1	54.6	26.9	41.6
17. 湖北	17.3	8.1	45.8	47.7	36.9	44.1
武汉	6.7	6.7	44.2	44.2	49.1	49.1
黄石	8.8	1.6	52.4	57.1	38.8	41.4
十堰	14.4	1.2	51	66.7	34.6	32.2
宜昌	16.6	3.1	54.4	64.6	29	32.3
襄樊	23.4	3.7	47.4	46.4	29.2	49.9
鄂州	15.9	15.9	52	52	32	32
荆门	23.7	6.4	42.3	58.7	34	34.8
孝感	27.5	21.3	39.8	37.8	32.7	40.9
荆州	29.3	19.5	40.5	40.7	30.2	39.8
黄冈	25.8	11.8	45.3	52.1	28.9	36.1
咸宁	25.8	20.8	44	40.3	30.2	38.8

续表

城　市	第一产业产值占 GDP 比重		第二产业产值占 GDP 比重		第三产业产值占 GDP 比重	
	地区	市区	地区	市区	地区	市区
随州	27.4	24.6	42.8	43.6	29.8	31.8
18. 湖南	23.5	7.1	38	45.2	38.5	47.6
长沙	11.3	2.1	40.9	38.6	47.8	59.3
株洲	17.3	2.8	46.7	60.3	36	36.9
湘潭	14.4	2.1	43.3	50.1	42.3	47.8
衡阳	29.5	4.9	34.9	33.6	35.6	61.5
邵阳	35.8	7	33.4	41.4	30.9	51.5
岳阳	24.8	6.6	40.4	51.1	34.8	42.4
常德	29.9	16.6	39.7	51.9	30.4	31.4
张家界	24.8	32.9	22.8	15.6	52.4	51.5
益阳	27.7	19.6	30.1	41.4	42.2	39
郴州	24.3	10.5	35.6	51.2	40.1	38.3
永州	31.3	21.6	35.6	46.6	33.1	31.8
怀化	26.9	2.9	31	22.1	42.1	75
娄底	23.9	7	39.6	52.6	36.6	40.4
19. 广东	12	3.7	46.6	49.5	41.4	46.8
广州	4	3	43.4	41.7	52.6	55.2
韶关	24.1	2.9	43.5	62.3	32.3	34.8
深圳	1.1	1.1	52.5	52.5	46.4	46.4
珠海	4.2	1.5	55.5	56.6	40.3	41.9
汕头	9.9	2.7	48.1	42.3	41.9	54.9
佛山	6.9	0.3	52.8	60.8	40.3	38.9
江门	12	1.7	47.6	48.5	40.4	49.8
湛江	26.6	8.3	38	55.1	35.4	36.5
茂名	28.4	7	38.3	59.8	33.3	33.3
肇庆	28.8	8.3	35.9	45.9	35.2	45.8
惠州	14.8	1.7	58	75.6	27.2	22.7

城　市	第一产业产值占 GDP 比重		第二产业产值占 GDP 比重		第三产业产值占 GDP 比重	
	地区	市区	地区	市区	地区	市区
梅州	31.8	8.8	35.9	46	32.2	45.1
汕尾	32.3	29.3	29.7	30.8	38	39.9
河源	37.2	11.6	26.5	39.8	36.3	48.6
阳江	38.4	21.1	31.7	41.6	29.9	37.3
清远	40.6	23.8	31.9	41.6	27.6	34.6
东莞	6.3	6.3	54.9	54.9	38.8	38.8
中山	7.8	7.8	54.5	54.5	37.7	37.7
潮州	19.8	2.4	45.9	49.6	34.3	47.9
揭阳	20	7.9	49.7	62.2	30.3	30
云浮	33.9	21.5	35.7	45	30.4	33.5
20. 广西	30.1	14.8	30.8	36.2	39.1	49
南宁	16.5	4.9	30.3	30.1	53.2	65
柳州	10.8	2.5	49.1	55	40.1	42.5
桂林	32.9	5	30.7	45.5	36.3	49.5
梧州	32.9	2.1	30.3	36.5	36.8	61.4
北海	31.2	43.6	28	27.3	40.8	29.1
防城港	34.7	32.1	27.1	26.6	38.2	41.4
钦州	51.8	51.6	18.5	15	29.7	33.4
贵港	41.6	33.9	22.9	26.2	35.5	39.9
玉林	39.4	25.6	30.5	41.1	30.1	33.3
21. 海南	9.8	9.8	25	25	65.2	65.2
海口	2.4	2.4	25.9	25.9	71.7	71.7
三亚	43.2	43.2	20.9	20.9	35.9	35.9
22. 重庆	17.8	8.4	41.3	48.9	40.9	42.7
23. 四川	22.3	11.2	41	45	36.7	43.7
成都	9.6	3.2	44.7	43.1	45.7	53.7
自贡	21.3	7.5	45	54	33.6	38.5

城　　市	第一产业产值占 GDP 比重		第二产业产值占 GDP 比重		第三产业产值占 GDP 比重	
	地区	市区	地区	市区	地区	市区
攀枝花	6.9	2.7	68.6	73.1	24.5	24.2
泸州	27.2	15.5	38.4	47.4	34.4	37.2
德阳	23.8	15.5	43.7	45.4	32.5	39.1
绵阳	22.4	9.4	41.3	51.1	36.3	39.5
广元	40	25.7	25.9	35.2	34	39.1
遂宁	34.4	35.4	33	32	32.5	32.6
内江	23.5	21.6	41	31.2	35.5	47.2
乐山	24.7	15.8	43.6	50.5	31.7	33.7
南充	37.8	19.2	25.9	32.3	36.4	48.5
眉山	33.3	22.9	36	41.4	30.7	35.7
宜宾	23.6	7.6	44.8	62	31.6	30.4
广安	33.4	32.2	36.9	24.4	29.7	43.3
达州	38.9	14.3	36	39.1	25.1	46.6
雅安	24.1	13.3	47.9	46.8	28	39.9
巴中	51.7	51.3	16.2	15.9	32.1	32.8
资阳	39.9	27.5	29.8	39.9	30.3	32.6
24. 贵州	22.1	6	44.1	48.9	33.8	45.1
贵阳	9.1	4.8	50.9	52.1	40	43.2
六盘水	16.6	2.8	53.9	60.1	29.6	37
遵义	35.9	5.7	35.5	41.8	28.7	52.5
安顺	32.2	20.4	35.2	28.2	32.6	51.4
25. 云南	13.4	4.1	49.8	56.6	36.8	39.3
昆明	8.2	2.7	47.1	48.9	44.7	48.4
曲靖	24.7	7.4	42.6	54.4	32.8	38.2
玉溪	9.3	1.4	68.2	79.7	22.5	18.9
保山	42.4	38.4	18.6	23.2	39	38.4

城　市	第一产业产值占 GDP 比重		第二产业产值占 GDP 比重		第三产业产值占 GDP 比重	
	地区	市区	地区	市区	地区	市区
26. 陕西	14.9	4.7	46	51	39.1	44.3
西安	6.5	3	47.7	49.4	45.8	47.6
铜川	9.9	3.5	52.3	56.3	37.8	40.2
宝鸡	12.4	0.9	53.4	64.6	34.2	34.5
咸阳	22.5	4.6	43.6	54.2	33.9	41.2
渭南	23.6	21.3	40.6	31.5	35.9	47.2
延安	22	11.2	50.6	69.1	27.4	19.8
汉中	22.1	11.4	44.2	51.3	33.7	37.3
榆林	18.1	20	45	38.2	36.9	41.8
安康	31.6	20.6	25.3	31.6	43	47.7
27. 甘肃	9.3	4.1	52.8	57	37.9	38.9
兰州	5.1	2.7	52.6	53	42.2	44.2
嘉峪关	4.2	4.2	75.3	75.3	20.5	20.5
金昌	14.7	5.8	68.3	75.7	17	18.5
白银	15.9	4	51.8	68	32.3	28
天水	17.7	11.9	42.5	51.1	39.8	37
28. 青海	8.8	2.2	43.8	40.8	47.4	57
西宁	8.8	2.2	43.8	40.8	47.4	57
29. 宁夏	16.5	6.1	48.2	51.8	35.2	42.1
银川	11.2	5.1	43.8	45.8	45	49.1
石嘴山	13.2	0.6	58.4	69.9	28.4	29.5
吴忠	23.9	19.4	47.2	43.9	28.9	36.7
30. 新疆	1	0.5	52.8	53.8	46.2	45.7
乌鲁木齐	1.4	0.5	36.9	37.5	61.7	62
克拉玛依	0.4	0.4	84.1	84.1	15.5	15.5

资料来源：国家统计局城市社会经济调查总队编《中国城市统计年鉴（2001）》，中国统计出版社，2001。

图书在版编目（CIP）数据

中国职业结构变迁 30 年/张国英著. —北京：社会科学文献
出版社，2012.11

ISBN 978 - 7 - 5097 - 3929 - 7

Ⅰ.①中…　Ⅱ.①张…　Ⅲ.①职业 - 结构 - 研究 - 中国

Ⅳ.①D669.2

中国版本图书馆 CIP 数据核字（2012）第 253727 号

中国职业结构变迁 30 年

著　　者／张国英

出 版 人／谢寿光
出 版 者／社会科学文献出版社
地　　址／北京市西城区北三环中路甲 29 号院 3 号楼华龙大厦
邮政编码／100029

责任部门／社会政法分社　（010）59367156　　责任编辑／曹义恒
电子信箱／shekebu@ssap.cn　　责任校对／刁海燕
项目统筹／曹义恒　　责任印制／岳　阳
经　　销／社会科学文献出版社市场营销中心　（010）59367081　59367089
读者服务／读者服务中心（010）59367028

印　　装／北京季蜂印刷有限公司
开　　本／787mm×1092mm　1/20　　印　张／15
版　　次／2012 年 11 月第 1 版　　字　数／203 千字
印　　次／2012 年 11 月第 1 次印刷
书　　号／ISBN 978 - 7 - 5097 - 3929 - 7
定　　价／48.00 元